Für alle, die mit mir unterwegs waren:
Kancha
Prakash
Subash
Lakpa
Dil
Debendra
Tshering
Lakpa Tenzi Sherpa
Chandra Prakash Sunuwar
Nima Tshering Sherpa
Ruth
Vera
Barbara
Evelyne
Sebastian
Martina

Elisabeth Jucker

Unterwegs auf

NEPALS TREPPEN

Trekking zum
Annapurna Base Camp

Bibliografische Information der Deutschen Nationalbi-bliothek: Die Deutsche Nationalbibliothek verzeichnet diese Publikation in der Deutschen Nationalbibliogra-fie; detaillierte bibliografische Daten sind im Internet über http://dnb.d-nb.de abrufbar.

© 2017 Elisabeth Jucker
Umschlag, Gestaltung, Satz: ju-design.ch
Korrektorat (nach den Regeln der schweizerischen Rechtschreibung): Julia Kischkel
Verlag: tredition GmbH, Hamburg

Paperback   ISBN 978-3-7439-0183-4
Hardcover   ISBN 978-3-7439-0184-1
e-Book   ISBN 978-3-7439-0185-8
Printed in Germany

Inhalt

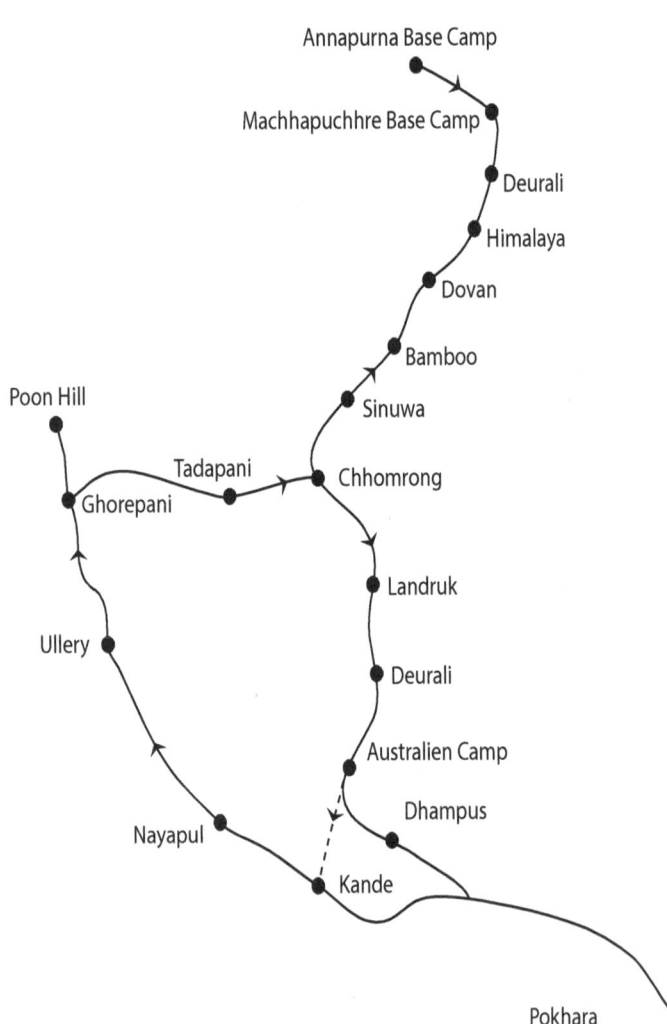

Annapurna Base Camp

Machhapuchhre Base Camp

Deurali

Himalaya

Dovan

Bamboo

Sinuwa

Poon Hill

Tadapani

Chhomrong

Ghorepani

Landruk

Ullery

Deurali

Australien Camp

Dhampus

Nayapul

Kande

Pokhara

Warum dieses Buch?

Seit zwei Tagen bin ich zurück von meinem ersten Trekking in Nepal. Es war alles ein bisschen anders als erwartet. Freude, Bestürzung, Zufriedenheit, Losgelöstheit, Besinnlichkeit, gute Gespräche und Einblicke in verschiedene Lebenswelten bewegten und belebten mich. Während des Trekkings, das mich zum Annapurna Base Camp führte, fühlte ich mich überall willkommen, gut betreut und aufgehoben. Der limitierte Komfort bildete das nötige Spannungsfeld.

Neben der Befindlichkeit auf der persönlichen Ebene, gab es die Sicht auf das Land und seine Bewohner. Mein Blick richtete sich auf das harte, entbehrungsreiche Dasein in Armut, das einen krassen Gegensatz zu unserem Wohlstand bildete. Die Gedanken kreisten um richtiges und falsches Verhalten, um die Suche nach Lösungen und die Zuweisung von Schuld. Das Aushalten dieser Ambivalenz war nötig, daran führte kein Weg vorbei.

Bei den Vorbereitungen für die Reise fühlte ich mich nicht immer ganz unbeschwert. Ich wollte ziemlich genau wissen, was mich erwarten würde, kaufte mir Reiseführer, schaute Dokumentar-Filme an, erfuhr viel über Land und Leute, Sitten, Gebräuche, Sehenswertes, Kurioses und Aussergewöhnliches. Wie sich ein Trekking für eine Frau wie mich anfühlen würde, erfuhr ich nicht. So forschte ich weiter nach Erfahrungsberichten und klickte mich durch unzählige Blogs. Sie waren mehr oder weniger ansprechend. Das ironische Entsetzen über die Infrastruktur und die einfache Lebensweise der Menschen in Nepal überwog in den Berichten und befremdete mich. War das ein Ausdruck von Überheblichkeit, oder konnte man das dem sogenannten Kulturschock zuschreiben? Fehlte es an Empathie? Oder waren die Umstände wirklich so unerträglich, dass Ironie, manchmal gar Sarkasmus dazwischen geschaltet werden musste? Hatten sich die Trekking-Touristen zu wenig vorbereitet und fühlten sich ausgeliefert? Würde es mir ebenso ergehen?

Auch die YouTube-Filme halfen mir nicht weiter, vor allem untergruben die GoPro-Kameras mit den überlangen Wackelszenen die Spannung. Immerhin habe ich aus einem koreanischen Beitrag erfahren, dass es überall gut und reichlich zu essen gab. Ich durfte in viele Teller schauen. Der Film erweckte den Eindruck, dass die Gruppe nichts anderes tat, als von einer Mahlzeit zur andern zu wandern. Manche Trekker waren dauernd im Regen unterwegs, mit Pelerinen und Hüten, und Schnee gab es zu jeder Jahreszeit. Kinder, Ziegen, Wasserbüffel, Affen, alte Menschen und schwer beladene, wenn nicht überladene Träger waren auf den nepalesischen Treppen unterwegs. Ich hatte viele verschiedene Bilder im Kopf. Signalisierten die keuchenden GoPro-Kommentatoren mit den erschöpften Gesichtern: «Achtung, das ist ein Dauerzustand!», oder demonstrierten sie ihre Leidensfähigkeit?

Was zwischen den Bildern lag, wollte ich erfahren, was die Seele bewegte, welche Gedanken auftauchten, was Schwierigkeiten bereitete, ob die Trekker an Durchfall oder Muskelkrämpfen litten, ob sie das tägliche Wandern mühsam fanden, ob es sie beglückte, ob sie von Blasen oder offenen Füssen geplagt wurden. Eigentlich wollte ich erfahren, ob auch ich es schaffen würde. Natürlich konnte mir diese Gewissheit niemand geben.

Ausrüstungslisten finde ich unabdingbar. Ich studierte verschiedene Ausgaben, und doch blieben Fragen offen, zumal die Gewichtsoptimierung ein ständiges Thema war. Brauchte man für ein Lodge-Trekking tatsächlich einen Schlafsack für Minustemperaturen? Waren die Unterkünfte so schmutzig, wie ich gelesen hatte, oder war es das subjektive Empfinden von zivilisationsverdorbenen Menschen?

Ich suchte nach Literatur, nach Reiseberichten in Buchform, nicht Daten und Fakten interessierten mich, sondern Erlebnisberichte, Geschichten, Erinnerungen. Ich fand gegen zehn Titel, die als E-Book erhältlich waren. Drei davon stammten von geübten Schreibern oder Schreiberinnen, kamen gut formuliert, spannend aufgebaut und fehlerfrei geschrieben daher. Am meisten profitierte ich von Birgit Fuchs' ‹Nepal – Tagebuch einer aussergewöhnlichen Reise›.

Vieles habe ich anders erlebt, vor allem hat in unserer Gruppe niemand an Durchfall gelitten, auch die körperlichen Strapazen habe ich nicht so empfunden. Das Buch hat mich vor allem auf die Kälte in den Lodges vorbereitet. Es war tatsächlich überall sehr, sehr kalt. Wir sind das nicht mehr gewöhnt. Wenn wir uns längere Zeit bei 17 Grad in einem Raum aufhalten, beginnen wir zu frieren – bei fünf Grad leiden wir. Es gab Abende, da zogen wir alle unsere Kleider übereinander an und froren trotzdem. Die wärmsten Socken genügten nicht. Auch meine Daunenhandschuhe vermochten die Finger nicht warmzuhalten.

In diesem Buch schreibe ich über die vielen Kilometer auf nepalesischen Treppen und Wegen, über die verschiedenen Lodges, in denen wir übernachtet haben, und natürlich auch vom überraschend schmackhaften Essen, das immer und überall frisch gekocht wurde. Auch werde ich von den Begegnungen mit den Menschen um mich herum berichten, von den Guides, den Trägern, den Händlern und Verkäuferinnen, von allen, die mir aus ihrem Leben erzählt und etwas von ihrer Kultur vermittelt haben.

Die Notizen und Fotos, die ich unterwegs gemacht habe, helfen mir beim Erinnern. Ich habe bewusst dokumentarisch fotografiert, also auch Zimmer von innen, Essräume und Lodges – und natürlich die wunderschöne Landschaft, die majestätischen Berge des Himalayas. Informationen aus Wikipedia und

Reiseführer habe ich beiseite gelassen, die kann sich jede Leserin und jeder Leser selber holen.

Meine Vorbereitungen für einen sportlich geprägten Sommer hatten bereits im März begonnen. Ich lief zwei bis dreimal pro Woche eine Strecke von sechs Kilometern, dazu kam das gewohnte Training in der Kletterhalle. Im Juni unternahm ich mit meinem Bergführer-Cousin eine 4-tägige Hochtour. Danach wanderte ich mit einer Freundin auf der Via Spluga von Thusis nach Chiavenna (65 km). Die Sommerferien verbrachte ich mit meinem Mann im Val Müstair. Im September folgte eine weitere 3-tägige Hochtour im Urnerland. Nach diesem tollen Sommer zweifelte ich nicht mehr daran, dass ich meinen Traum endlich würde verwirklichen können: ein Trekking im Himalaya!

Vor drei Jahren hatte ich bereits einmal einen Versuch gewagt, mich diesem Trekking-Traum anzunähern, und mich für eine Kultur- und Wanderreise in Ladakh angemeldet. Diese Reise hätte mir zeigen sollen, wie sich die Höhe auf über 3500 m ü. M. anfühlte und wie sie mir bekommen würde. Mit einer schweren Höhenkrankheit ausgeflogen zu werden, damit hatte ich allerdings nicht gerechnet.

Mit dem nötigen zeitlichen Abstand wurde mir klar, dass ich das traumatische Erlebnis nicht als unüberwindbar hinnehmen wollte. Ich begann nach einer Lösung zu suchen, die mir eine sanfte Akklimatisation ermöglichen würde. Bei Himalaya-Tours, einem Schweizer Anbieter, fand ich ein Angebot für Einsteiger, ein mittelschweres Trekking ins Annapurna Base Camp, eine klassische Route mit einem idealen Höhenprofil und genügend Zeit. Die Reise sollte am 6. November beginnen und am 26. November 2016 enden.

Als ich im September dort anrief, gab es bereits vier Anmeldungen, Frauen zwischen 50 und 70. Ich lag altersmässig in der Mitte. Einen Tag vor dem Vorbereitungstreffen meldete sich noch ein junger Mann an. Sebastian drückte das

Durchschnittsalter kräftig nach unten, Martina, unsere Reiseleiterin, ebenfalls.

Die ganze Gruppe erlebte das Trekking als gelungenes Abenteuer. Im Gegensatz zu mir hatte sich Barbara bewusst nicht über Land und Leute informiert. Sie wollte sich unvoreingenommen auf das Abenteuer einlassen. Dasein, beobachten, erleben, einfach schauen, was die Tour für Überraschungen bereithielt. Ruth, die Älteste unter uns, war in den 1970er-Jahren auf einem Trekking unterwegs gewesen, nun wollte sie diese Landschaft noch einmal erleben. Vera war eine begeisterte Skitourengängerin und liebte die Berge, Evelyne sass wenn immer möglich auf dem Velo und tourte durch Europa. Sebastian hatte sein PhD gemacht und gönnte sich das Trekking als Auszeit. Wir waren konditionsmässig alle auf einem ähnlichen Level, gingen unser eigenes Tempo und freuten uns an der Natur.

Womit niemand von uns gerechnet hatte, war die starke Frequentierung der Strecke. Wir waren eine kleine Gruppe unter vielen. Wir erlebten keine Abgeschiedenheit, sondern ein reges touristisches Treiben. Im Engadin oder im Wallis geht es nicht anders zu und her.

Ich hatte meine Uhr mit integriertem Höhenmesser dabei, aber es kam mir nicht in den Sinn, ihn systematisch einzusetzen. Die Angaben über die täglich geleisteten Höhenmeter stellte mir Vera zur Verfügung. Sie stimmen mit Sebastians nachträglichen GPS-Auswertungen nicht ganz überein. Der tatsächliche Wert wird in der Mitte liegen. Das heisst, dass wir insgesamt etwa 9000 Höhenmeter bewältigt haben. Sebastians informativer Trekking-Bericht ist nachzulesen unter: ‹www.hikr.org/tour/post115057.html›

Zu wissen, wie viele Höhenmeter bereits hinter uns oder noch vor uns lagen, hat uns manchmal motiviert – demotiviert eigentlich nicht, nein, dazu waren wir zu gern unterwegs. Natürlich wussten wir, dass jeder Schritt abwärts auch wieder aufwärts getan werden musste. Die Gesamtlänge der Route betrug gemäss Sebastians Aufzeichnungen 130 km.

Das Wetter verwöhnte uns. Es blieb drei Wochen lang einfach nur schön, schön, schön. Wir brauchten weder Regenjacke, Regenhose noch Rucksackhülle auszupacken. Die Sonne liess uns schwitzen, während wir die unzähligen Stufen, die nicht aufhören wollten und doch irgendwann geschafft waren, Schritt für Schritt hinauf- oder hinunterstiegen.

Mit meinem Solarpanel und den zwei Powerbanks war ich energiemässig ‹overdressed›. Es gab fast überall Steckdosen, manchmal nur im Essraum. Oft bezahlte man dafür. Die Beträge bewegten sich zwischen 100 und 200 Rupien. Was ich ausser Acht gelassen hatte, war, dass mein Smartphone ohne WiFi sehr wenig Strom verbrauchte. Ich schaltete es meistens in den Flugmodus, da die Roaming-Gebühren in Nepal sehr hoch sind, und ich deswegen nicht angerufen werden wollte. Meinen Mann habe ich ab und zu mit einer SMS informiert oder ihn über FaceTime angerufen. Länger als zwei Tage waren wir nie ohne Verbindung. Die Rechnung ist mittlerweile eingetroffen. Der höchste Betrag war 60 Franken für ein zwanzigminütiges FaceTime Gespräch, das versehentlich übers Telefonnetz lief.

Probleme mit den Kameras gab es öfter. Die Batterien entluden sich in der Kälte relativ schnell. Ich hatte mein Ladegerät dabei, und mit zwei Reserve-Akkus war ich gut versorgt. Vera fand glücklicherweise jemanden mit der gleichen Kamera, der ihr das Ladegerät lieh, so konnte sie bis am Schluss weiterfotografieren. Im Gegensatz zu früher scheint die Kapazität der Speicherkarten heutzutage kein Problem mehr zu sein.

Nun werde ich mit Schreiben beginnen und mich bemühen, das Erlebte informativ, kurzweilig und ansprechend wiederzugeben. Die Tagebuchform soll das Dokumentarische betonen und den Ablauf übersichtlich darstellen. Ein paar Bilder dürfen nicht fehlen. Für einige Personen, die im Text vorkommen, verwende ich Pseudonyme, da Teile ihrer Lebensgeschichte eingeflossen sind. Wenn ich es passend finde, erlaube ich mir, schweizerische oder englische Ausdrücke zu verwenden.

Ankunft in Kathmandu

Es ist Sonntag, der 6. November 2016. Die gepackte Trekking-tasche wiegt siebzehn Kilogramm. Dazu kommt ein Tagesruck-sack mit Reservewäsche, Toilettenartikel, E-Reader, Reiseführer und Reisedokumentation. Powerbank und Akkus gehören ebenfalls ins Handgepäck. Endlich bin ich unterwegs zum Flughafen. Die Anspannung der letzten Tage löst sich.

Ich fliege von Zürich über Delhi nach Kathmandu. Das Gepäck wird durchgecheckt. Was heisst, dass ich die Transitzeit am Flughafen verbringen werde.

Wir landen in Delhi um 00.45 Uhr. Dank meiner Vorberei-tungen finde ich mich im Flughafen gut zurecht. Die Lounge, die ich in der langen Transitzeit benützen darf, befindet sich in der dritten Etage.

Aber so schnell gelange ich nun doch nicht dorthin. Am Transferschalter sagt man mir, dass ich fünf Minuten warten soll, da ich eine neue Bordkarte benötigen würde. Die fünf Minuten verwandeln sich in die Essenspause des zuständigen Personals. Anstatt in einem bequemen Sessel warte ich zwei Stunden in einer Hartschale. Auf meiner neuen Bordkarte sehe ich, dass die Startzeit von Air India 213 nach Kathmandu um eine Stunde verschoben worden ist.

In der Lounge bin ich allein, oder fast allein. Der Staubsau-ger saugt, was der Motor hergibt. In den Lärmpausen nicke ich ein. Irgendwann sind die Stunden überstanden, und es ist Zeit, zum Gate zu gehen.

22A ist ein Fensterplatz auf der linken Seite, bei klarer Sicht sollte ich die Berge sehen. Um mich herum werden die Sitze gewechselt, eine indische Familie will zusammenbleiben. Mein neuer Nachbar, Dinesh Singh, überreicht mir seine Visitenkarte. Er arbeitet für ‹UNICEF, Water, Sanitation & Hygiene Section›. Seine nächste Reise wird ihn nach Manali führen. Ein Ort, der sich ebenfalls auf meiner Wunschliste befindet, so haben wir ein Gesprächsthema.

Auf diesem Flug wird ein Frühstück serviert. Ich wähle die indische Variante: gedämpfte Reisküchlein, serviert mit Gemüsecurry. Der Ausblick auf die Berge ist faszinierend. Sieht man die Annapurna? Mein Sitznachbar kann mir nicht helfen, es sind zu viele weisse Spitzen am Horizont.

Vor der Landung richte ich meine Uhr nach der Lokalzeit von Nepal, die Differenz zur Schweiz beträgt + 4¾ Stunden.

Im Ankunftsgebäude wimmelt es von Menschen, alle drängen sich um die kleinen Stehtische mit den Formularen. Ein solches muss auch ich ausfüllen. In meiner Jackentasche steckt der Notizzettel mit Passnummer, Ausstellungsdatum, Hoteladresse, Einreise- und Ausreisedatum etc. Diese Vorbereitung lohnt sich. So habe ich alle Daten beisammen, brauche keine Reissverschlüsse und Taschen zu öffnen, es kann mir nichts herunterfallen, und das Einreiseformular ist schnell ausgefüllt.

Ein Beamter winkt mich an einen leeren Schalter. Ich gehe an der Schlange vorbei nach vorne. Warum mir dieses Glück beschieden ist, weiss ich nicht. Am Gepäckband warten bärtige Männer, die wahrscheinlich Bergsteiger sind, nepalesische Familien, Geschäftsleute, junge Männer und Frauen. Meine gelbe Tasche, die zum Reisearrangement von Himalaya-Tours dazu gehört, kommt so ziemlich am Schluss. Am Zoll interessiert sich niemand dafür.

Draussen, auf der andern Strassenseite, entdecke ich Martina, die Reiseleiterin, die ich am Vorbereitungstreffen kennengelernt habe. Zusammen mit dem Fahrer bereitet sie mir einen herzlichen Empfang und legt mir eine Blumengirlande aus Tagetes um den Hals. Dann fahren wir los. Der Himmel ist blau, die Sonne scheint, das macht die Umgebung vielleicht etwas gefälliger, als sie ist. In den Strassen herrscht ein unüberschaubares Verkehrschaos. Martina sagt, sie habe am Flughafen über zwei Stunden auf mich gewartet. Die Information über die geänderte Abflugzeit sei nicht zu ihr durchgedrungen.

Dann steht das Auto längere Zeit still. Der Fahrer steigt aus. Die Strasse vor uns ist gesperrt. Sie wird ausgebessert und hat noch keinen Belag. Das heisst, dass wir das Gepäck ausladen und das letzte Stück bis zum Hotel zu Fuss durch die staubige Baustelle gehen. Ein langes Stück Weg. Einstimmung aufs Trekking? Die Temperatur von 22° Celsius ist angenehm. Kathmandu liegt bereits auf 1300 m ü. M.

Das Hotel Shambaling befindet sich im tibetischen Viertel. Eine Adresse in unserem Sinn scheint es nicht zu geben, in den Unterlagen steht ‹Boudha near Stupa›. Tritt man durch das Tor, befindet man sich in einer kleinen Oase, links das Hauptgebäude, in der Mitte ein gepflegter Garten und rechts eine Gartenhalle. Das Restaurant verbindet die Gebäude zu einer U-Form.

In der Lobby werde ich mit einer Tasse ‹Masala Chia› (ausgesprochen wie Tschaja) empfangen. Die freundliche Zurückhaltung des Personals ist angenehm, und das gepflegte Zimmer überrascht mich. Hübsch, originell und ökologisch eingerichtet. Wasserkocher und Teetassen stehen bereit, auf der Fensterbank sitzt ein kleiner bronzener Buddha neben dem tibetischen Totenbuch, rechts davon Schalen mit Früchten und Gebäck. Wohin ich schaue, sehe ich harmonische Farben und natürliche Materialien, der Boden ist aus Holz, die Töpfchen für Seife und Shampoo im Badezimmer lassen sich wieder auffüllen. Ich bin ganz zufrieden.

Gegen vier Uhr klopft Martina an meine Tür. Die andern sind eingetroffen. Ich kenne sie bereits vom Vorbereitungstreffen: Ruth, Evelyne, Vera, Barbara und Sebastian. Sie haben den Flug mit Oman Air über Muscat genommen, ohne den langen Transitaufenthalt, wie ich ihn hatte.

Um fünf Uhr spazieren wir zum grossen Stupa von Bodnath, dem bedeutendsten Ziel buddhistischer Pilger aus Nepal. Von seiner goldenen Spitze auf der weissen Kuppel blicken mich die aufgemalten Augen Buddhas mahnend an. Ein seltsames Gefühl. Wir mischen uns unter die vielen Menschen. Die Stimmung ist friedlich und entspannt. Man umrundet den Stupa allein oder in Gruppen, schnell oder langsam, stösst die Gebetsmühlen an, betet, unterhält sich, Frauen, Männer, Kinder, Mönche, Nonnen, arm und reich, alt und jung vermischen sich, da und dort ein Hund dazwischen.

Der kreisförmige Platz ist von zahlreichen Läden und Verkaufsständen umgeben. Es gefällt mir, den Stupa zusammen mit den vielen Menschen zu umrunden, ich tue es ein paar Mal, und als ich einer alten Nonne etwas Geld gebe, ernte ich den wohlgefälligen Blick eines Mönchs.

Später setzen wir uns ins ‹Himalayan Java› und trinken sehr guten Kaffee aus einheimischer Produktion (www.himalayan-java.com).

Die Dämmerung verzaubert den Platz. Die goldene Spitze des Stupas leuchtet. Die Rauchschwaden der Opferstellen erzeugen eine mystische Atmosphäre. Den Rückweg würde ich allein nicht mehr finden, das muss ich auch nicht, wir haben einen Treffpunkt ausgemacht.

Zimmer im Hotel Shambaling, Kathmandu
Abendstimmung beim Stupa von Bodnath

Pashupatinath und Patan

Meine beiden Uhren zeigen eine Differenz von einer Stunde. Welche ist falsch gestellt? Mitten in der Nacht dieses Rätsel zu lösen, ist nicht einfach.

Nach dem überraschend reichhaltigen Frühstück gehen wir zu Fuss bis zur Stelle, wo die Strasse für Autos passierbar ist und warten dort auf unseren Bus. Ein paar Hunde schleichen um uns herum, Männer, Frauen, Kinder sind unterwegs. Neben baufälligen stehen recht stattliche Wohnhäuser, Gebetsfahnen und Kabel spannen sich zwischen den Dächern. An der Ecke, wo wir warten, befindet ein eingezäunter kleiner Stupa, daneben steht ein windschiefer Blechverschlag. Ein Kind kommt heraus, und ich sehe durch die Tür, dass dort drin mehrere Leute wohnen.

Die Fahrt nach Pashupatinath dauert eine halbe Stunde. Der Tempel dort ist das wichtigste hinduistische Heiligtum in Nepal, das Betreten des Inneren ist den Hindus vorbehalten. Am heiligen Bagmati-Fluss befinden sich die Verbrennungsstätten für die Verstorbenen der Stadt. Zwei Brücken führen auf die gegenüberliegende Flussseite. Vorbei an kleineren Tempeln steigen wir auf eine Anhöhe hinauf, die einen guten Überblick über den Fluss und die Galerie der Verbrennungsstätten bietet. Von hier aus beobachten wir ein verlassenes, noch rauchendes Feuer. Daneben, auf dem nächsten Sockel, ist das Holz für eine weitere Verbrennung bereits aufgeschichtet, später wird der in oranges Tuch gehüllte Leichnam herbeigebracht. Die Zeremonie ist reine Männersache.

Die hinduistischen Sadhus, die sich auf unserer Seite des Flusses aufhalten und sich gegen Geld fotografieren lassen, sollen asketisch lebende Wandermönche sein. Ich habe einen Dokumentarfilm darüber gesehen und weiss nicht so recht, was ich von den Haschisch rauchenden, mit Asche eingeriebenen Männern und ihren aufgetürmten meterlangen Haaren halten soll.

Auf dieser Flussseite werden auf runden, im Wasser stehenden Steinsockeln Gedenkfeiern für die Toten abgehalten. Affen tragen ihre Jungen herum, eine Kuh steht auf der Treppe und nötigt uns einen Umweg ab. Wieder fasziniert mich die bunte Mischung von Menschen. Alle sind aus einem bestimmten Grund hier. Es wird geredet, gerufen, gelacht, getrauert, gegessen, gebetet, geschlafen, ruhelos und besinnlich, still und laut, ein turbulentes Treiben durchwirkt von wohlriechenden Düften, von Rauch und Gestank.

Danach fahren wir in die alte Königsstadt Patan, was eine Dreiviertelstunde dauert. Am Durbar Square sind einige Gebäude mit Bambus eingerüstet und erinnern an das Erdbeben. Es ist schwer auszumachen, welches Schäden sind oder was einfach alt oder unfertig dasteht. In den engen belebten Gassen ziehen sich in einer Höhe von drei bis vier Metern Bündel von Drähten und Kabeln von Mast zu Mast. Sie hängen in dicken Knäueln an den Holzstangen, so üppig und wirr, wie ich es nirgendwo auf der Welt gesehen habe. Und da lehnt ein Mann eine Leiter an einen solchen Mast, steigt hoch und beginnt an einem dieser Knäuel etwas zu ordnen und zu schrauben. Er scheint zu wissen, was er tut. Ich schicke ein Foto per SMS an meinen Elektroingenieur zu Hause. Er wird sich über dieses exotische Lebenszeichen freuen.

Der Königspalast aus dem 17ten Jahrhundert ist aus Holz und Backsteinen gebaut, kunstvolle Schnitzereien verzieren Balken, Fenster und Türen. Im luftigen, mit Bäumen bepflanzten Innenhof lädt ein Restaurant zum Verweilen ein. Eine ruhige Oase. Wie gestern Abend bestellen auch jetzt wieder alle etwas anderes. Das Essen wird frisch zubereitet, was bei unseren individuellen Wünschen eine Stunde dauert. Satt und zufrieden spazieren wir auf die gegenüberliegende Seite des Durbar Squares. Um einen Tempel herum veranstalten verschiedene Gruppen religiöse hinduistische Zeremonien mit Opfergaben, Feuer, Rauch und einer Vielfalt von Düften.

Weiter geht es zum Goldenen Tempel ‹Kwa Bahal›. Als wir eintreten, ist sofort klar, woher er den Namen hat. Vergoldete Statuen und glänzendes Kupfer wohin wir blicken. Dieses tibetische buddhistische Kloster wird nicht von Mönchen betreut, sondern von Familien, die sich im Turnus darum kümmern (wenn ich das richtig verstanden habe).

Unser lokaler Führer möchte uns die Klangschalen-Therapie näherbringen. Wir sind neugierig genug, um uns darauf einzulassen. Ein Raum mit Regalen, eine Klangschale neben der anderen, die meisten sind gross, mit einem Durchmesser von 30 cm und mehr. Der Therapeut erklärt uns die verschiedenen Herstellungsweisen der Schalen. Die edelsten und auch teuersten sind aus sieben Metallen getrieben. Ein Drittel zerbricht bei der Produktion und wird eingeschmolzen, aus diesem Material entstehen dann die billigeren Schalen. Eine spezielle Art wird bei Vollmond hergestellt. Der Mann zeigt uns, wie Wasser in einer grossen Klangschale auf Schwingung reagiert, und streicht mit dem Klöppel über den Rand. Das Wasser beginnt zu brodeln, in einem regelmässigen Muster bauen sich kleine hüpfende Fontänen auf. Wenn die Schwingung nachlässt, verebben sie. Bei Kopfschmerzen soll man die Schale über den Kopf stülpen und in Schwingung versetzen, was an Barbara demonstriert wird. Für die Rückenbehandlung stellt sich Ruth zur Verfügung. Sie geniesst es.

Begleitet von ein paar Schmuckverkäuferinnen kehren wir zum Bus zurück, der uns ins Hotel bringt. Nach einer Pause spazieren wir, wie schon gestern, auf dem uns nun bekannten Weg zum grossen Stupa, wo wir den Rest des Nachmittags verbringen. Später treffen wir uns bei der grossen Glocke und freuen uns auf ein schmackhaftes Essen in einem Gartenrestaurant. Der Weg dorthin führt durch schmale, verwinkelte

Gassen durch ein Gewusel von Menschen, Velos und Motorrädern, die sich alle auf eine geschmeidige Art aneinander vorbei drängen. Vor den Läden stehen Körbe und Säcke mit Gemüsen und Hülsenfrüchten; Kleider, Schuhe und Stoffe werden angeboten, ab und zu schiebt jemand einen Handwagen mit brennenden Butterlämpchen in eine Nische.

Im Restaurant ist ein grosser Tisch für uns gedeckt. Es gibt Dal Bhat, Gemüse-Curry und feine Momos. Bei dieser Gelegenheit lernen wir unseren lokalen Reiseleiter Lakpa kennen. Der junge, freundliche Mann lächelt verschmitzt, wenn er auf unsere Fragen antwortet. Er ist eher klein, von endomorphem Körperbau. Kami, der Inhaber von ‹Matterhorn-Treks & Expeditions›, unser lokaler Veranstalter, sitzt ebenfalls mit uns am Tisch und unterhält sich angeregt mit Martina.

Ich habe nicht damit gerechnet, dass es so schnell kalt wird, und bin froh, dass die andern ebenfalls zu frieren beginnen, so brechen wir bald auf. Im stockfinsteren Gässchen, das zum Hotel führt, brauchen wir die Taschenlampen.

Bevor ich ins Bett gehe, packe ich für den nächsten Tag. Die Tasche darf für den Flug nicht schwerer als 15 kg sein. Was ich unterwegs nicht benötige, kann ich hier lassen. Viel ist es nicht, frische Wäsche für die letzten zwei Tage, auch den Haarfön werde ich unterwegs nicht brauchen. Da im Hotel WiFi verfügbar ist, nütze ich die Gelegenheit für ein FaceTime-Gespräch nach Hause.

Verbrennungsstätten in Pashupatinath
In den Strassen von Patan

Flug nach Pokhara

Mein Frühstück mit frischen Früchten, Tee und Toast – es gibt auch Kaffee, Porridge, Eier, Müesli mit Joghurt – schmeckt auch heute wieder wunderbar.

Es überrascht mich, dass Martina sagt, dass man in diesem Hotel Früchte und Salat essen könne, da zum Waschen gefiltertes Wasser verwendet werde. Bei den Früchten bin ich meinem Grundsatz, nichts Rohes oder nur selbst Geschältes zu essen, schon zum zweiten Mal untreu geworden. Dass uns andererseits empfohlen wird, zum Zähneputzen und Mundspülen Mineralwasser zu verwenden, finde ich komisch, doch die Begründung leuchtet mir ein: Die Abwasserrohre im Boden verlaufen oftmals über den Frischwasserrohren. Wenn sie leck sind, können Fäkalien ins Frischwasser gelangen.

Um halb zehn versammeln wir uns in der Lobby. Die Taschen werden gewogen, sodass wir, wenn nötig, noch umpacken könnten. Das Handgepäck ist auf 5 kg beschränkt. Dann sind wir für die Fahrt zum lokalen Flughafen bereit.

Wir checken bei Yeti-Airlines ein. Und als ich mir im Shop noch schnell eine kleine Flasche Mineralwasser kaufe, werde ich grad übers Ohr gehauen. Wahrscheinlich passe ich ins Beuteschema des Verkäufers: ältere Gruppenreisende, die nicht weiss, wie viel das Geld wert ist. Anstatt wie angeschrieben 55, weil das angeblich Pfund seien, bezahle ich 250 Rupien. Warum ich das mit mir machen lasse, kann ich nur dem Stress zuschieben, der mich ergriffen hat, als ich sehe, dass meine Gruppe dem Ausgang zustrebt.

Auf diesem Flug gibt es keine Sitznummern. Im Bus, der uns zum Flugzeug bringt, besprechen wir die Einsteigestrategie:

zügig aussteigen, keinen Vortritt lassen, sofort die Fensterplätze auf der rechten Seite besetzen. Was mit rechts und links gemeint ist, scheint nicht allen klar zu sein. Lakpa hat es nicht anders erwartet und tauscht seinen Sitz mit einer von uns. Nach dem Start serviert eine Flugbegleiterin Nüsse und Getränke. Die Sicht ist herrlich, kein Smog und keine Wolken, die bewaldeten Berge mit den unbefestigten Strassen sind nah unter uns. Später sehen wir das weisse Profil der Himalaya-Kette, noch kenne ich die Namen der Gipfel nicht. Ich lasse einen Franzosen, der auf der falschen Seite sitzt, durch mein Fenster fotografieren und mache ihn glücklich damit.

Die Turboprop-Maschine landet sanft. Wir steigen aus. Hier in Pokhara, das nur noch 800 m ü. M. liegt, ist es eindeutig wärmer. Unsere gelben Taschen auf den Gepäckwagen leuchten. Und dort, hinter dem Gepäckwagen am Horizont, sehe ich die Pyramide des Machhapuchhre. Sein Anblick wird unser Trekking begleiten. Ein markanter, stolzer Berg, unverkennbar wie das Matterhorn. Aber dieser hier ist heilig und darf nicht bestiegen werden.

Wir verlassen das Flughafenareal mit dem schönen Berg vor uns am Himmel. Der Bus bringt uns in den westlichen Teil von Pokhara. Die Stadt liegt am Lake Phewa. Von der Hauptstrasse zweigen wir rechts in nördlicher Richtung ab und folgen der Strasse etwa 200 Meter. Dann biegen wir rechts in eine schmale, von Mauern gesäumte Strasse ein und fahren bis vor ‹Mum's Garden Resort›. Das Hotel mit seinen doppelstöckigen Gebäuden, dem schönen Hof mit Garten macht einen idyllischen, gepflegten Eindruck, wirkt aber, wie vieles hier, irgendwie unfertig. Auf den Flachdachteil des Hauptgebäudes wurde eine auf Pfeilern stehende Plattform mit Geländer gebaut, auf der ein Häuschen mit Giebeldach steht.

Der Chef und Besitzer überrascht uns mit ein paar Worten in Deutsch. Martina und Lakpa verteilen die Schlüssel. Wie sehr ich den Komfort des Zimmers auf der Rückreise schätzen werde, weiss ich jetzt noch nicht, auch dass die Badezimmer (nach unserem Verständnis) nicht sehr sauber sind, werde ich noch erfahren. Doch was heisst schon sauber? Ist ein Badezimmer schmutzig, weil der Spiegel noch nie gereinigt wurde oder die Ablage darunter? Dass ein WC-Rand nass ist, kann verschiedene Gründe haben, vielleicht werden die Badezimmer einfach ausgespritzt. Aus der Brause kommt heisses Wasser, so kann ich duschen und die Haare waschen, was will ich mehr?

Wir treffen uns am Mittag und spazieren miteinander der Lakeside Road entlang bis zum ‹am/pm organic cafe›, ein trendiger Ort für Touristen. ‹Organic›, das merke ich bald, ist ein beliebter Begriff. Man soll hier Salat essen können, was einige von uns auch tun. Empfehlenswert sind Spaghetti mit frischer Tomatensauce. Die Smoothies aus Früchten und Gemüsen werden in Konservengläsern serviert, das Cola in einem Gurkenglas. Wie in Zürich! Das weiss Sebastian.

Die Lakeside Road ist eine lebendige Einkaufsstrasse mit aneinandergereihten Geschäften, vielen Restaurants, Massage- und Gesundheitsstudios, Strassenhändlern, Reise- und Trekking-Agenturen. Martina zeigt uns ihre Lieblingsgeschäfte. Es gibt schöne Schals aus Kaschmir, Pashmina und Wolle, auch Yakwolle. Bergsteigerkleidung, Daunenjacken, Schlafsäcke, Rucksäcke, Wanderstöcke, gefälschte Markenartikel, Handwerkskunst und Kitsch. Die Strasse ist, so schätze ich, etwa drei Kilometer lang. Und natürlich gibt es auch hier ein paar wenige Frauen mit Säuglingen im Arm, die betteln, und ein kleiner dürrer Mann, der mir wie ein verirrter Pilger vorkommt.

Als ich von der lauten Strasse mit den vielen Läden genug habe, gehe ich zum Lake Pewa hinunter. Eine aufs Wasser hinausgebaute Aussichtsplattform lädt zum Fotografieren ein. Paare machen Selfies, Kinder turnen an den Geländern herum, es sind vorwiegend asiatische Touristen, die sich hier vergnügen. Es gibt Boote, ein halb versunkenes Wasservelo und schwimmender Abfall. Mein Blick gleitet über den See ans andere Ufer mit den waldigen Hügeln. Die hohen Berge – falls man sie von hier aus überhaupt sehen könnte – sind von Wolken verdeckt, die sich in den letzten Stunden gebildet haben. Zum Spazieren lädt der Uferweg nicht ein, so kehre ich zurück an die Lakeside

Road und stehe nach ein paar Schritten vor einem ‹Himalayan Java Coffee House›. Aus Erfahrung gut, könnte der Werbeslogan heissen. Die Treppe führt auf eine Galerie und durch das Restaurant auf die Terrasse hinaus, dort bestelle ich einen doppelten Espresso und ein Stück Walnuss-Schoko-Kuchen. Die Glacékugel, die zum warmen Kuchen serviert wird, verführt mich. Ich kann nicht widerstehen und vergesse meinen Grundsatz, nichts Gefrorenes zu essen.

Den Rückweg zum Hotel finde ich nur, weil ich mir zwei wichtige Eckpunkte gemerkt habe. Als ich den Schlüssel an der Rezeption hole, frage ich den Chef, ob das Häuschen auf der Plattform ein Zimmer sei, ob da jemand wohne. Es dauert ein Weilchen, bis er versteht, was ich meine. Nein, dort wohne niemand, das Häuschen sei für die ‹Mountain View›. Er sagt, dass ich hinaufgehen solle, bei schönem Wetter könne man den Machhapuchhre sehen.

Also steige ich über die Treppe aufs Dach, das auch als Abstellplatz dient. Von dort führt eine Trittleiter auf die Plattform. Der Aufgang ist mit allerlei Gerätschaften verstellt, an den Geländern hängen Maiskolben zum Trocknen. Das Häuschen ist ein kleiner, unverputzter Raum. Und tatsächlich sehe ich über den Häusern Berge am Horizont.

Vor meinem Fenster schwirren unzählige Mücken. Dank der intakten Netze gelangt keine einzige ins Zimmer. Nun beginne ich, die Sachen fürs Trekking zu ordnen. Was bleibt in der Tasche, die der Träger übernimmt, was gehört in den Tagesrucksack? Jacke, Windjacke, Knirps, Sonnenbrille, Sonnencreme, Hut, Wanderstöcke, Trinkflasche, Biberli und Schokolade, falls ich zwischendurch einen Energieschub brauche, Geld, Fotoapparat, Smartphone, Notizheft, wichtige Dokumente … Es kommt mehr zusammen, als ich erwartet habe.

Um halb sieben gehen wir ins ‹Fewa Paradise›, ein Open-Air-Restaurant mit Musik, das zu Fuss in einer Viertelstunde erreichbar ist. Wir setzen uns an einen grossen runden Tisch mit Schirmdach und bestellen wie gewohnt nach Lust und Laune. So kommen ganz verschiedenen Gerichte zusammen, die wir uns gegenseitig probieren lassen. Dal Bhat wird hier in einem grossen Blechteller serviert, in der Mitte ein Hügel Reis, darauf ein hauchdünnes Papadam aus Linsen- oder Kichererbsenmehl, daneben eine kleine Schale Linsensuppe, je ein Häufchen grünes Gemüse, meistens Spinat oder Lattich, ein Curry-Gemüse und scharfe Pickles. Ich habe Nepali Thali bestellt, ein etwas reichhaltigeres Dal Bhat mit zusätzlichen Beilagen, dazu gehört auch gewürzter Joghurt.

Für den Heimweg wählen wir die Uferpromenade. Nachts sieht es hier freundlicher aus als am Tag. Zu dieser Zeit sind vor allem junge Leute unterwegs. An der Lakeside Road herrscht noch immer rege Betriebsamkeit.

Ankunft in Pokhara
Aussicht von der Plattform im ‹Mum's Garden Resort›

Nayapul – Ullery

Heute werden wir endlich das Trekking beginnen. Die Taschen sind gepackt. Noch sitzen wir in ‹Mum's Garden Resort› beim Frühstück mit Omeletten, Pfannkuchen, Porridge, Toast, Butter und Honig oder Joghurt mit Äpfeln. Chia und Kaffee werden nicht in Thermos-, sondern in Porzellankrügen serviert, was hübsch aussieht, die Getränke jedoch schnell erkalten lässt. Der Kaffee ist normalerweise dünn, die Milch manchmal frisch, was man an der Haut erkennt, die sich im Krug bildet.

Mir schmeckt Chia Masala besser als Kaffee. Heiss und etwas pfefferig wärmt und belebt er. Es gibt verschiedene Rezepte. Milch und Wasser werden zusammen mit Schwarztee aufgekocht, mit Masala, einer Mischung aus Gewürzen, frisch gemörsert oder konfektioniert, vermischt, abgegossen und gezuckert.

Der Bus wartet auf dem Parkplatz, unsere Taschen sind auf dem Dach festgebunden. Wir fahren zusammen mit der Mannschaft nach Nayapul. Neben Martina begleiten uns Lakpa, der lokale Guide, seine zwei Assistant Guides und die sieben Träger. Jeder wird eine unserer Taschen und sein eigenes Gepäck tragen. Die Assistant Guides und Träger sitzen im hinteren Teil des Busses, wir im vorderen. Lakpa sitzt neben dem Fahrer. Die 45 km lange Strecke erweist sich als zweistündige Schüttelfahrt. Dass sich die Zeitangaben meistens verdoppeln, lerne ich schnell.

Als wir im kleinen Ort Nayapul ankommen, gibt es Tee als Stärkung. Wir sitzen in einer Veranda und schauen auf den Fluss hinunter, den wir bald überqueren werden. Ein älterer Mann, der sicher jünger ist als ich, verkauft aus farbigem Garn geknüpfte Armbändchen, die seine Tochter herstellt. Einmal umgebunden, soll man sie anbehalten, bis sie von selbst abfallen. Das verspricht Glück. Weil ich mir denken kann, wie nötig die Leute Geld brauchen, kaufe ich ein Bändchen für einhundertfünfzig Rupien, das löst bei meinen Kolleginnen einen Kaufschub aus. Der Mann ist glücklich und bedankt sich bei mir. Ich ziehe meine Teleskop-Wanderstöcke auseinander und schraube sie in der richtigen Länge fest. Dann sind wir zum Abmarsch bereit. Unsere gelben Taschen sind verschwunden, mit den Trägern bereits unterwegs.

Erst jetzt begreife ich, was es heisst, eine klassische Trekkingroute zu begehen. Wir sind nicht allein! Dass im November nicht mehr Hochsaison sein soll, machen die vielen anderen, die das auch glauben, zunichte.

Wir wandern im Pulk einer internationalen Trekkingschar durch den kleinen Ort, trampeln durch den Lebensraum der Bewohner, die vor ihren Häusern sitzen, waschen, kochen, essen, reden und uns kaum beachten. Ab und zu gibt es eine Vitrine, eine Theke, die zeigt, dass man Cola, WC-Papier, Snickers und Chips kaufen kann. Unter uns in der Ebene steht ein blau gestrichenes Schulhaus mit einem rostroten Wellblechdach und vergitterten Fenstern. Die Schüler und Schülerinnen beginnen den Tag, indem sie sich im Hof versammeln und in Reihen aufstellen.

Wir wandern auf den oft beschriebenen – geliebten und gehassten – nepalesischen Treppen hinunter zum Fluss, überqueren ihn auf einer Hängebrücke und steigen wieder treppauf. Ich empfinde die Tritthöhe angenehm, doch die Sonne brennt erbarmungslos, der Schweiss rinnt. Gut, dass ich Arme und Gesicht mit Sonnencreme eingerieben habe. Irgendwann nehme ich den Sonnenhut vom Kopf, ziehe den Knirps aus dem Rucksack, verstaue stattdessen einen Wanderstock darin, und steige im angenehmen Schatten meines Schirms langsam aber stetig treppauf, treppauf, treppauf. Unser Ziel ist Ullery, das auf 1960 m ü. M. liegt. Bis wir dort eintreffen, werden Tausende von Treppenstufen bewältigt sein.

Nach zweieinhalb Stunden gibt es die verdiente Mittagspause. Unsere gelben Taschen, aufgereiht auf einer Mauer, lachen uns entgegen. Die Träger warten bei dem kleinen einfachen, aber originell eingerichteten Restaurant mit schöner Aussicht. An den Wänden hängen Dutzende von Fotografien. Auf den Tischen stehen Sträusse aus künstlichen Blumen. Die Fensterflügel zum Tal hin sind offen. Wir wählen aus einer reichhaltigen Karte. Es gibt Dal Bhat, Vegetable Curry, Vegetable Soup, Tomatenspaghetti, Fried Noodles und viele andere feine Gerichte. Wie immer bestellen wir nach unseren Vorlieben. Das Werken in der Küche kann beginnen. Ein Kohlkopf, Spinat und andere Zutaten werden herbeigebracht, alles wird frisch gehackt und gekocht.

Das wird sich nicht ändern, es wird so bleiben auf der ganzen Tour, bis hinauf ins Machhapuchhre Base Camp, auch dort oben wird es in der Nähe der Lodge noch ein gedecktes Gartenbeet mit Kohl und Lattich geben.

Gut genährt wandern wir weiter. Die Treppen führen an kleinen Siedlungen, bepflanzten Gärten und Feldern vorbei, und immer wieder zeigt sich der unverkennbare Machhapuchhre am Himmel. Wir begegnen Maultieren und Trägern mit riesigen Körben am Rücken, Touristen, Bauern, Kindern, Hunden und Ziegen.

Ullery liegt am Hang. Viele Häuserfassaden sind blau mit roten Verzierungen, das Mauerwerk weiss und grau. Auf den Stufen und Absätzen vor den Eingängen stehen Blumentöpfe. Ein Haus fällt durch seine grüne Verschalung auf. Endlich, wir sehen die gelben Taschen, ein paar Stufen noch und wir sind am Ziel: ganz in Blau, das ‹Majestic Guest House›.

Auf dem Dach des angebauten Essraumes stehen ein paar Tische mit roten und blauen Sonnenschirmen. Lange können wir die herrliche Aussicht in der milden Wärme nicht mehr geniessen. Die Sonne verschwindet, und es wird schnell kalt.

Da es zu wenig Zimmer gibt, was auch heisst, dass die Zimmer nicht gern einzeln vermietet werden, teile ich eines mit

Vera. Ich spanne meine elastische Wäscheleine quer durchs Zimmer, um unsere verschwitzten T-Shirts und Socken aufzuhängen. Die achtzig Zentimeter zwischen den Betten reichen knapp für die Taschen. Glücklicherweise haben wir einen ‹attached Bathroom›, und aus dem Hahn fliesst warmes Wasser. Das heisst duschen und Haare waschen, wer weiss, ob das morgen noch möglich ist.

Früher oder später treffen alle im Essraum ein. Warm eingepackt lesen, reden oder schreiben wir, beschäftigen uns mit Facebook, WhatsApp und Co. In der Küche, die durch eine Fensterscheibe von uns getrennt ist, scharen sich die Träger um einen Amerikaner, der ihnen Zaubertricks vorführt. In der Küche zu sitzen sei ein Privileg, habe ich gelesen.

Nun, auch wir werden nicht mehr lange frieren. Im Essraum wird ein zum Ofen umfunktioniertes leeres Ölfass eingefeuert und spendet etwas Wärme, der wir dankbar die Füsse entgegenstrecken. Zum Essen wechseln wir an den Tisch. Die Speisen erkalten sehr schnell, so warten wir nicht, bis alle etwas haben, sondern beginnen zu essen, sobald ein Teller vor uns steht. Für mich gibt's heute Momo.

Nach dem Essen versammeln wir uns mit den Stühlen wieder um den Ofen. Martina veranstaltet eine Kennenlernrunde. Lakpa sorgt dafür, dass die sieben Träger und die zwei Assistant Guides zu uns herüberkommen. Sie stellen sich der Reihe nach vor. Martina, die manche von früheren Trekkings kennt, erzählt zu dem einen oder andern eine lustige Anekdote. Die Männer heissen: Kancha, Prakash, Subash, Lakpa, Dil, Debendra und Tshering, die Assistent Guides Sano und Dawa. Lakpa erklärt uns die Bedeutung der nepalesischen Namen. Damit ist er uns eine Nasenlänge voraus. Wir erfahren auch, dass die Träger während des ganzen Treks für das gleiche Gepäckstück verantwortlich sind. Meine Tasche wird von Debendra getragen, der eigentlich Koch ist. Über ihn erzählt uns Martina, dass er eine Gruppe auf einem Zelttrekking mit Glacé überrascht habe. Aber nur optisch. Es sei zu Schnee geschlagenes Eiweiss gewesen.

Wir stellen uns ebenfalls vor. Barbara ist die Einzige, die zu ihrem Namen etwas Schlaues sagen kann. Die heilige Barbara ist Schutzpatronin der Bergbauleute.

Die Stimmung ist neugierig fröhlich. Wir verstehen nicht, was die Männer miteinander und wohl auch über uns reden. Auf jeden Fall sind sie froh, dass sie sich bald wieder in die warme Küche verziehen können.

Wir gehen früh schlafen. Ich schlüpfe zum ersten Mal in meinen Schlafsack, der für -5 bis -10° Celsius ausgelegt ist. Er fühlt sich wohlig an. Gegen Morgen wird es mir etwas zu warm, so öffne ich den seitlichen Reissverschluss ein Stück. Die Temperatur im Zimmer beträgt +10 Grad.

Höhenmeter: ↗ 1049 ↘ 73

Trekkingstart in Nayapul
Guesthouse unterwegs

Ullery – Ghorepani

Wieder ein strahlend schöner Morgen. Wir steigen auf die Dachterrasse. Die Berge zeigen sich in rötlichem Licht. Danach gibt's Frühstück, das wir am Abend vorbestellt haben. Das wird nun immer so sein. Der heisse Tee wärmt. Der Pfannkuchen mit Apfelschnitzen schmeckt. Sebastian entdeckt das Gurung Bread, ein frittiertes Fladenbrot, das jede bisherige Brotsorte in den Schatten stellt.

Heute führen die Treppen durch prächtige Rhododendron- und Eichenwälder. Unser Ziel – und das Ziel vieler anderer Trekker – ist Ghorepani. Immer wieder gerate ich in fremde Touristenpulks. Überhole und werde überholt. In den vier Stunden bis Ghorepani werden sich 847 Höhenmeter ansammeln.

Wir wandern durch kleine Weiler und Ortschaften, begegnen Maultieren, Wasserbüffeln, Bauern, Frauen, Schulkindern und immer wieder schwer beladenen Trägern. Da bei jedem Haus ein paar Hühner herumpicken, esse ich am Mittag im ‹Hungry Eye› Restaurant Gemüse mit Spiegeleiern.

Eine Entdeckung ist Ginger-Lemon-Honey, ein heisses, frisch zubereitetes Getränk, das uns Martina empfiehlt. Geraffelter oder in kleine Stücke gehackter Ginger wird mehr oder weniger lang im heissen Wasser gekocht, dann kommen Zitronensaft und Honig dazu. Der vitaminreiche, scharf-süsse Tee ist eine Wohltat für mein Halsweh, das eher zu- als abnimmt.

Das Gemüse vom Mittagessen – es wird der nur leicht gekochte Kohl sein – bereitet mir heftige Blähungen. Also werde ich mich in Zukunft auf weich gekochtes Currygemüse,

Nudelsuppe oder Dal Bhat beschränken, das ja alles wunderbar würzig schmeckt.

Es geht weiterhin treppauf, treppab. Wenn Lastenträger kommen, trete ich zur Seite und lasse sie vor. Sie sind trotz des Gewichts leichtfüssig und schnell unterwegs. Es gibt solche, die Waren in geflochtenen Körben transportieren, leicht bekleidet, oft in Flipflops, dann gibt es die besser gekleideten Trekkingbegleiter in Turn- oder Wanderschuhen. Diesmal überholen mich – und ich schaue vor Überraschung länger hin als sonst – zwei einheimische Frauen, die mit dem typischen Kopfband riesige Rucksäcke tragen. Im ersten Moment reagiere ich befremdet. Wie kann man zulassen, dass einem das Gepäck von Frauen geschleppt wird. Dann fällt mir das 3-Sister-Projekt ein. Ich habe davon gelesen, dass drei Schwestern ein Trekking-Unternehmen gegründet haben, um ihren Lebensunterhalt bestreiten zu können und somit nicht von Ehemännern abhängig zu sein. Frauen für Frauen. Befreiung aus Konventionen. Es scheint zu funktionieren. Warum sollen sie sich nicht einen Teil von diesem lukrativen Kuchen abschneiden? Es heisst, dass heute mehrere Hundert Frauen in diesem Business tätig seien.

Ghorepani liegt am Hang und ist von unten bis oben mit Treppen verbunden. Wir steigen an mehreren Lodges vorbei. In einem Schaufenster sind süsse Backwaren ausgestellt, wahrscheinlich von letzter Woche, schon deshalb sind sie mir ein Foto wert. Weiter oben begeistert mich eine Fülle von leuchtend orangen Tagetes, die das Haus, zu dem sie gehören, fast verdecken.

Unser Hotel ‹Peace & Excellent View› befindet sich zuoberst im Dorf und liegt, jetzt um 14 Uhr, bereits im Schatten, es bietet jedoch eine herrliche Aussicht. Der Blick in die Berge, wir sehen den Dhaulagiri, ist betörend und alle rennen mit ihren Fotoapparaten herum.

Ich bekomme ein Einzelzimmer, auch diesmal mit angeschlossenem Bad. Der Komfort zahlt sich vor allem nachts aus, muss ich doch für die Toilette nicht ausser Haus gehen. Die Wäscheleine zu spannen ist nicht ganz einfach. Das Eckzimmer hat zwei Fensterfronten, so kann ich die Haken der elastischen Leine an den Griffen einhängen. Später merke ich, dass es einfacher und praktischer ist, eine gewöhnliche Schnur zu verwenden. Die Tasche stelle ich auf den Boden und breite ein paar Sachen auf dem zweiten Bett aus. Eine Dusche verpflichtet zum Duschen! Bereits ausgezogen stelle ich fest, dass nur kaltes Wasser kommt. Ich staune, wie selbstverständlich ich voraussetze, dass ‹Dusche› heisses Wasser bedeutet. Nun ja, so wasche ich mich halt kalt – schlottern regt den Kreislauf an.

Unten im grossen zugigen Essraum sitzen Vera, Evelyne, Ruth und drei Träger auf den Bänken um den Ofen herum. An den Wäscheleinen, die darüber gespannt sind, hängen Badetücher, Unterwäsche und T-Shirts. Dann kommt Barbara die Treppe herunter und sagt, dass eine warme Dusche halt einfach gut tue.

Lakpa kann nicht glauben, dass es bei mir nicht funktioniert hat und will der Sache auf den Grund gehen. Es stellt sich heraus, dass die Griffe verkehrt angeschrieben sind. Leider bin ich nicht auf die Idee gekommen, es für heisses Wasser mit dem Kaltwasserhahn zu versuchen.

Am Ofen ist es gemütlich – und es wäre noch gemütlicher, wenn die Tür nicht immer offenbleiben würde. Ich verstehe nicht, warum keiner, der hinausgeht oder hereinkommt, sie hinter sich zuzieht. Als Evelyne es tut, bleibt sie das nächste Mal wieder offen. Doch auch die geschlossene Tür ist nicht wirklich zu, weil es keinen intakten Riegel gibt.

Eine Japanerin hängt ein klatschnasses Wäschestück über den Ofen und setzen sich zu uns. Es tropft auf meine Füsse. Ich zeige ihr das Problem. Sie nimmt den roten Pullover wieder herunter und drückt ihn über einem Plastiksack mit den Händen ein wenig zusammen. Irgendwie ist sie unfähig, ihn auszuwringen. So wird er nie trocknen.

Bewegung wärmt! Wir machen uns auf, das Dorf zu besichtigen, Bäckerei, Buchladen und Souvenir-Shop, hier vertreiben wir uns ein bisschen die Zeit. Weiter unten gibt es noch ein paar Guesthouses, und schon haben wir das ganze Dorf durchwandert. Der Rückweg führt treppauf. Ich fotografiere das Haus mit den vielen Blumen, ein oranges Meer von Tagetes. Es scheint, dass es dieser Blume in Nepal gefällt.

Die Formation um den Ofen hat sich verändert. Mit der Zeit merkt jeder Eintretende, dass er Missbilligung erntet, wenn er die Türe nicht schliesst. Langsam erlischt das Feuer. Bald gibt es zu essen. Reis und Gemüse-Curry. Um acht gehen wir schlafen. Zum Lesen bin ich zu müde. Ich habe das Gefühl, dass ich im Durchzug liege und ziehe die Kapuze des Schlafsacks über Stirn und Nase.

Höhenmeter: ↗ 847 ↘ 0

Schaufenster mit Backwaren
Zentrum von Ghorepani

Ghorepani – Poon Hill – Tadapani

Ich erwache, bevor der Wecker klingeln kann. Es ist vier Uhr zwanzig und 7 Grad kalt im Zimmer. Der Schlafsack hat mich schön warm gehalten. Aufstehen, anziehen, etwas Wasser ins Gesicht und Zähne putzen. Eine Frisur habe ich keine mehr. Ich ziehe die Mütze an und montiere die Stirnlampe. Um viertel vor fünf marschieren wir los, um den Sonnenaufgang auf dem Poon Hill zu erleben. Noch ist es dunkel, doch der Himmel ist wolkenfrei. Beste Voraussetzungen.

Oh Schreck lass nach! Der Rattenfänger von Hameln fällt mir ein. Die Lodges entleeren sich. Im Tross von Hunderten von Menschen, die das gleiche im Sinn haben wie wir, steigen wir praktisch in Einerkolonne treppauf auf den Gipfel des 3200 Meter hohen Berges. Da musst du nun durch!, sage ich mir, das gehört zum Arrangement, das hast du so gewollt.

Was habe ich mir eigentlich vorgestellt? Ich könne den Sonnenaufgang sozusagen privat, allein mit meiner netten Gruppe geniessen? Ich habe gewusst, dass der Poon Hill ein berühmtes Ziel ist und in keinem Programm fehlt. Es werde viele Leute geben, hat uns Martina gesagt, aber dass damit diese riesige Menschenmenge gemeint war, begreife ich erst jetzt.

Immerhin erlebe ich Authentizität. Es sind nicht nur ausländische Touristen unterwegs, sondern viele einheimische Schulklassen, grössere und kleinere Gruppen von Nepali und Indern. Die jungen Leute laufen schnell, hören Musik, mit oder ohne Kopfhörer, immer wieder überholen sie uns, um sich schon bald wieder erschöpft auf einer Mauer auszuruhen. Ich bin froh, dass Ruth ein paar Kräcker übrig hat. Ohne Frühstück bin ich grad ein bisschen unterzuckert.

Der Aufstieg dauert eine Stunde. An der Zwischenstation legen viele eine Pause ein. Es ist noch dunkel, als wir oben ankommen. Die Ersten haben den Aussichtsturm in Beschlag genommen. Wir stellen uns auf eine Stufe am Rand des terrassierten Gipfels in Richtung Sonnenaufgang.

Die Kälte kriecht in die Kleider, das heisse Wasser aus meiner Thermosflasche begeistert mich nicht, so hole ich mir am gut organisierten Verkaufsstand, der von jungen einheimischen Frauen bewirtschaftet wird, einen Chia Masala im Metallbecher, den ich nachher wieder zurückbringe.

Es herrscht Jahrmarktstimmung. Ein grosses Touristenspektakel. Dann zeigt ein aufsteigender Lichtbogen die Silhouetten der Berge. Ah- und Oh-Rufe. Ich erkenne links den Dhaulagiri, dann die Annapurna South, Hiunchuli und rechts den Machhapuchhre. Rundherum sind die Leute mit ihren Fotoapparaten, Smartphones und Selfiesticks beschäftigt. Auch ich verpasse vor lauter Panorama-Aufnahmen beinahe den Moment, als sich die Sonne über den Horizont schiebt. Dann geht es schnell, immer mehr Berge färben sich rot, gelb, die Sonne blendet und plötzlich ist es hell. Wir fotografieren uns gegenseitig, danach die Guides mit und ohne uns. Die Idee, wieder runterzugehen, bevor es alle tun, haben die anderen auch. Die Masse verschiebt sich talwärts und wir mit ihr. Die durchgeschwitzten Kleider der Leute sind keine Nasenschmeichler. Unten angekommen gibt's Frühstück. Wir essen mit gutem Appetit.

Unsere heutige Etappe führt nach Tadapani. Wie bereits gewohnt, wandern wir treppauf und treppab. Der Weg führt durch schöne Rhododendron-Wälder hinauf auf den Deurali Pass. Die Vegetation erinnert mich an Bhutan, nur dass ich dort mit Pema, meinem Guide, allein unterwegs war. Immer wieder werde ich von fremden Gruppen umflutet, sie strömen an mir vorbei und machen dann wieder Pause. Ich konzentriere mich auf meinen Schritt, gehe gemächlich, lasse mich nicht drängen oder blockieren. Unsere Gruppe verzettelt sich, die einen sind schneller, die andern etwas langsamer. Martina legt Wert darauf, dass jede in ihrem eigenen Tempo wandern kann. Die Guides teilen sich auf. Sano, der eine Assistant Guide, geht meistens voran, oft ist Ruth mit ihm an der Spitze unterwegs. Sano ist ein kleiner, stämmiger Mann um die Dreissig mit einer munteren und irgendwie unerschrockenen Art. Sein Englisch ist schwierig zu verstehen. Lakpa, der die Hauptverantwortung trägt, geht mal vorne, mal hinten und unterhält sich mit allen ein bisschen. Ich laufe gern allein, bin immer irgendwo in der Mitte. Dawa, der zweite Assistant Guide, ist ein ehemaliger Mönch, fünfundzwanzig Jahre alt, gross, schlank, ruhig und zurückhaltend. Er betreut das Mittelfeld und ist somit fast immer in meiner Nähe. Martina bildet den Schluss als Besenwagen oder Lumpensammlerin und schaut, dass niemand verloren geht.

Auf der Deurali-Passhöhe findet die Gruppe wieder zusammen. Die Sicht ist bestechend, ich kann mich kaum sattsehen, filme und fotografiere, als wenn es die letzte Gelegenheit wäre. Jemandem nicht ins Bild zu treten ist fast unmöglich. Die flatternden farbigen Gebetsfahnen im Vordergrund, die Schneeberge im Hintergrund sind eine klassische Himalaya-Impression.

Im Ort Deurali ist eine Teepause angesagt. Es gibt viele Verkaufsstände und entsprechend viele Touristen – oder eher umgekehrt. Zwei junge Geisslein unterhalten die Leute mit ihren übermütigen Sprüngen. Ein hübsches Fotosujet.

Wenn nötig, werden in den Pausen unsere Wasserflaschen aufgefüllt. Martina benützt dafür einen Katadyn-Pocket-Filter, bei dem Wasser durch einen Keramik-Zylinder gepumpt wird. Öffentliche Wasserstellen gibt es in jedem Ort, auch Flusswasser kann ohne Chemie trinkbar gemacht werden. Ein Schlauch führt von der Wasserquelle zur Pumpe, ein anderer von der Pumpe zur Trinkflasche. Das gereinigte Wasser schmeckt gut und frisch. Lakpa und Martina wechseln sich beim Pumpen ab. Auch ich helfe mit. Es dauert eine gute Minute, bis die

Flasche gefüllt ist. Wir trinken während des ganzen Trekkings nur solches Wasser und vermeiden damit eine grosse Menge PET-Abfall.

Noch immer sind viele Gruppen unterwegs, unstet und laut, wie es so zu- und hergeht, wenn Leute zusammen wandern. Vor mir rutscht ein Mann aus, stürzt und verletzt sich am Arm. Er wird sofort umringt von Helfern. Erleichtert gehe ich vorbei und bin froh, ein schönes Stück Weg in Ruhe geniessen zu können.

In der ‹Sunrise Lodge› machen wir Mittagspause. Unsere Träger essen ebenfalls hier. Ich frage Debendra, ob ich meine Tasche mal hochheben dürfe. Natürlich darf ich, er lacht. Sie wiegt etwa 25 kg. In diesem Gewicht ist sein Rucksack und die regendichte Wachstuchhülle inbegriffen. Die Träger tragen die Gepäckstücke mit einem Band über die Stirn. Die Vorrichtung besteht aus einem dünnen Seil, das zweimal um das Gepäckstück gewickelt ist, und einem etwas breiteren weissen oder schwarzen Stoffband, das an die Stirn gelegt wird.

Wir wählen einen Tisch im Schatten und bestellen unser Essen. Dann setzen wir uns auf eine Mauer, die wie überall aus Natursteinen geschichtet ist, an die Sonne und warten, bis gekocht ist. Unterdessen trifft die Gruppe mit dem verletzten Mann ein. Sebastian verteidigt unseren Tisch. Der Mann hat offene Schürfwunden am Arm und wird verarztet. Das lenkt unsere Diskussion auf die Gefahr von Starrkrampf. Für Nepal sind keine speziellen Impfungen erforderlich. Barbara hat sich gegen Tollwut impfen lassen. Das ist bei den vielen wilden Hunden sicher keine schlechte Idee.

Die nächste Etappe fordert unsere Kräfte. Der Weg, oder besser gesagt, die Treppen führen tief in eine Schlucht hinunter und auf der andern Seite wieder hoch. Die Höhenmeter summieren sich, haben wir doch bereits den Poon Hill in den Beinen. Doch die Landschaft bietet viel Abwechslung und lässt uns keine Zeit für Müdigkeit.

Eingangs Tadapani verwehren mir streitende Maultiere den Zutritt. Ausgerechnet jetzt bin ich wirklich ganz allein. Dawa ist von Lakpa vorausgeschickt worden. Er soll sich um die Unterkunft kümmern und kontrollieren, ob alles bereit ist. Manchmal geht Lakpa selbst, manchmal schickt er Sano voraus. Nun also warte ich und hoffe, dass bald Leute kommen, die weniger ängstlich sind als ich. Es dauert seine Zeit. Die Maultiere beruhigen sich. Das Problem löst sich von selbst.

Der Platz vor dem ‹Tadapani Guest House› liegt in der Sonne, ein herrliches Aussichtspodest. Wir setzen uns in die Plastikstühle und trinken Tee. Die Berge präsentieren sich in majestätischer Erhabenheit. Von nun an wird uns der Anblick der Annapurna South, des Hiunchuli und Machhapuchhre nicht mehr loslassen. Jeder Anblick des imposanten Annapurna-Massivs, zu dem diese Berge gehören, überrascht und begeistert uns von Neuem.

Wir belegen ein Zimmer zu dritt. Dusche und WC befinden sich ums Eck. Es gibt heisses Wasser. Die Toilette, eine westliche Porzellanschüssel, wird von allen benützt und riecht entsprechend. Eigentlich passen mir die nepalesischen Plumpsklos besser. Mein Badetuch riecht muffig, da es in den letzten Tagen nie ganz trocknen konnte. Ich nehme es mit in den Essraum, ‹Schlaf-Liege-Essraum› wäre die treffendere Bezeichnung, und hänge es über den Ölfass-Ofen, der eben eingefeuert wird. Auf der einen Seite unseres Tisches, an der Fensterfront, gibt es Betten in Sitzhöhe. Auf der andern Seite stehen Stühle. Bald vertreibt uns beissender Rauch an die frische Luft. Des Rätsels Lösung: Auf dem Ofen lag ein Stück Plastikrohr, das in der Hitze angefangen hat zu schmelzen. Durchlüften löst das Problem nur halb. Der Rauch hockt bereits in den Kleidern.

Ruth hat Uno- und Schwarzpeter-Spielkarten mitgebracht. Lakpa, Dawa, Tshering und ein Junge von der Lodge spielen mit. Die Regeln sind auch ohne Worte vermittelbar. Wir essen gut, und wie immer kriechen wir nicht viel später als 20 Uhr in die Schlafsäcke. Die Träger schlafen in zwei Zelten, die sie auf dem Platz vor der Lodge aufgestellt haben. Sie reden und lachen noch lange.

Obwohl ich zweimal die Stirnlampe montieren und die Toilette aufsuchen muss, schlafe ich gut und fühle mich ausgeruht. Abgesehen von meiner verschnupften Nase, die ich nachts mit einem abschwellenden Spray behandle, habe ich keine meiner üblichen Beschwerden, weder schmerzt der Nacken, noch das rechte Knie.

Höhenmeter: ↗ 794 ↘ 994

Sonnenaufgang auf dem Poon Hill
Essraum in Tadapani

Tadapani – Chhomrong

Beim Zähneputzen herumspazieren und das Panorama bestaunen ist Lebensqualität, da stecke ich das bisschen Frieren locker weg. Um acht Uhr wandern wir los. Der Anblick von Annapurna und Machhapuchhre löst Ehrfurcht aus. Die Berge erscheinen mächtiger, je näher wir ihnen kommen.

Während wir zuerst einmal 900 Höhenmeter zum Fluss hinuntersteigen, können wir auf der andern Talseite den Weg sehen, der uns wieder nach oben führen wird. Unwirklich weit entfernt.

Bei einer rosa gestrichenen Lodge machen wir Pause, damit sich unsere kleine Gruppe wieder sammeln kann. Auf dieser Wegstrecke gibt es weniger Touristen und keine grossen Gruppen mehr. Wie angenehm! Auf der Wiese vor der rosa Lodge tummeln sich ein paar junge Trekker in Shorts und vertreiben sich die Zeit mit allerlei turnerischen Darbietungen. Einer schlägt das Rad. Die andern versuchen es ebenfalls. Das muss in Dawa einen Reflex ausgelöst haben. Er macht es nach und setzt noch drei perfekte Überschläge dazu. Bravo! Da können die pummeligen Wohlstandsbuben einpacken. Wir sind begeistert und stolz auf unseren Dawa. Er muss uns versprechen, sein Kunststück später noch einmal vorzuführen, damit es alle sehen können.

Der Weg führt weiterhin bergab. Jedes Haus ist von Anpflanzungen und terrassierten Feldern umgeben. Mais, Hirse, Kartoffeln, Kohl, Spinat und Bohnen sind die Pflanzen, die wir kennen, und überall gibt es Blumen, vor allem die leuchtend orangen Tagetes. Über den ‹Kimrong Khola› spannt sich eine Hängebrücke, die ziemlich schwankt, wenn mehrere gleichzeitig drauf sind. Barbara zögert. Lakpa und Sano nehmen sie in die Mitte, so klappt es gut. Dann geht es wieder treppauf. Hier fällt mir der viele Bambus auf, der im Wald wächst.

Als die Treppen etwas breiter werden, gehe ich neben Dawa und frage ihn, ob er seine akrobatische Einlage in der Schule gelernt habe. Anstatt zu antworten, lacht er etwas verlegen. Er hat ein ebenmässiges Gesicht, eine lange gerade Nase und reine Haut. Ein schöner junger Mann, wie ich finde. Er gehört zum Volk der Sherpa, die den Tibetern ähnlichsehen. Martina hat mir gesagt, um Guide zu werden, müsse Dawa noch Englisch lernen. Und jetzt merke ich, dass er es kann, sich aber nicht so recht getraut. Darum frage ich weiter und erfahre seine Geschichte.

Dawa stammt aus einem Dorf in der Everest Region, drei Tagesmärsche von Kathmandu entfernt. Mit zehn Jahren kam er ins Kloster. So wie ich verstehe, lebte er dort als Mönch und lernte in der Klosterschule tibetisch. Mit zwanzig verliess er das Kloster und ging nach Kathmandu, wo er heute mit seinem jüngeren Bruder lebt. Sein vierzehnjähriger Bruder besucht die Schule. Sie wohnen zusammen in einem Zimmer, das 4000 NPR (ca. 40 Franken) pro Monat kostet. Der jüngere Bruder ist allein auf sich gestellt, wenn Dawa unterwegs ist. Wir reden über die Gefahren von schlechter Beeinflussung, und Dawa erzählt mir, dass er immer wieder versuche, den jüngeren Bruder vom Sinn und der Wichtigkeit des Lernens zu überzeugen.

Seine Schwester heiratete als Fünfzehnjährige und ist nun Mutter von zwei Kindern. Der Vater starb vor zwei Jahren. Jetzt lebt seine Mutter allein in dem abgelegenen Dorf. In den Wintermonaten kommt sie nach Kathmandu, dann wohnen sie zu dritt in Dawas Zimmer, wo sie schlafen, kochen und essen.

Als ich frage, was er denn so koche, kenne ich die Antwort bereits: Dal Bhat! Dawa lacht. Alle Nepali lachen, wenn sie das sagen. Sie wissen, dass wir es komisch finden, wenn sie tagein, tagaus das gleiche Gericht essen. Aber es enthält alle Nährstoffe, die Menschen brauchen, die wenig oder gar kein Fleisch essen.

Ich möchte etwas mehr über seine Schwester und deren Alltag erfahren. Meine Frage, ob sie einen guten Mann habe, ob sie glücklich sei mit ihm, öffnet die kulturelle Kluft. Dawa versteht nicht, was ich wissen will. Die Kinder sind gesund, ihr Mann arbeitet auf dem Bau. Das ist gut so.

Seine Mutter wohnt im eigenen Haus, einem Holzhaus. Steinhäuser sind teuer. Sie pflanzt Gemüse an, alles was man so braucht, hat aber keine Hühner oder Ziegen. Mehr erfahre ich vorerst nicht über sie.

Dawa hat das Kloster vor fünf Jahren verlassen, und als ich frage, warum, sagt er, sein Vater sei damals krank geworden. Es ging darum, die Familie zu ernähren. Dann erkundige ich mich nach der Krankheit seines Vaters. Die ehrliche Antwort erschreckt mich ein wenig. Dawa sagt, sein Vater sei Alkoholiker gewesen und daran gestorben. Alkoholismus sei für Frauen und Männer ein grosses Problem. Dawa erklärt mir, dass die Leute in den abgelegenen Regionen nicht wüssten, dass Alkohol süchtig und krank mache. Er habe versucht, seiner Mutter zu erklären, wie schädlich es sei. Seither trinke sie weniger und nur noch abends.

Ob er ins Kloster durfte, musste oder wollte, ist eine Frage, die er nicht beantworten kann. Ich merke wieder, dass er nicht weiss, worauf meine Frage abzielt. Eigentlich will ich wissen, ob er es als Glücksfall betrachtet, dass er die Klosterschule besuchen durfte. Eine Antwort erhalte ich nicht. Er zuckt die Schultern und sagt mir noch einmal, dass er von zehn bis zwanzig im Kloster gewesen sei, tibetisch gelernt und eine religiöse Bildung erhalten habe, er könne eine Puja abhalten. Das ist eine religiöse Zeremonie, die bei vielen Anlässen nötig ist. Das ermöglicht ihm, etwas Geld zu verdienen.

In meiner Vorstellung wäre es so, dass der kleine Dawa als Erstgeborener ins Kloster gegeben wurde, um ihm eine Bildung zu ermöglichen, die er sonst nicht hätte erhalten können. Die öffentliche Schule kostet viel Geld. Im Kloster konnte er schlafen, essen und lernen, es wurde für ihn gesorgt. Doch diese Antwort habe ich nicht erhalten.

Ob er im Kloster geblieben wäre, wenn sein Vater nicht krank geworden wäre? Nochmals stelle ich ihm eine unmögliche Frage. Das Leben ist, wie es ist. Wenn das Karma den Weg bestimmt, sind hypothetische Fragen fehl am Platz. Ich kenne mittlerweile seinen Gesichtsausdruck, wenn er nicht versteht, worauf ich hinaus will. Aber ich merke nicht immer, was an meiner Frage ihn am Antworten hindert.

Ein paarmal überholen uns Kinder mit Schulsäcken am Rücken. Die Mädchen tragen weisse Blusen, blaue Jacken und Röcke, Kniestrümpfe oder Strumpfhosen. Die Haare sind zu straffen Zöpfen oder Zöpfchen geflochten. Die Buben mit frisch gescheitelten oder frech verstrubbelten Frisuren tragen blaue Hosen und Jacken, darunter ein weisses Hemd. Später kommen wir am Ziel dieser Kinder vorbei. Es ist die ‹Shree Churjung Primary School›. Der Unterricht beginnt um 10 Uhr, damit auch jene mit langen Schulwegen rechtzeitig eintreffen können. Wir dürfen zuschauen, wie sich die fünfzehn Kinder im Schulhof aufstellen und die Fragen der Lehrer beantworten. Die Grössenunterschiede bei den Kindern sind beträchtlich. Ganz kleine, die mir wie Dreijährige vorkommen, stehen so selbstverständlich da, wie der Grosse, dem ich fünfzehn Jahre geben würde, und der sich mit seinem Cap und Freizeitlook über die Konformität hinwegsetzt. Auch die Lehrer tragen Uniform, eine schwarze Hose mit Nadelstreifen, die passende Jacke dazu und eine Windjacke darüber. Turnschuhe sind bei allen beliebt.

Noch einmal gibt es Tee unterwegs, wir rasten in einem kleinen Haus mit blau gestrichenem Dach. Es bietet eine schöne Sicht auf die terrassierten Felder. An den Balken der Veranda hängen goldgelbe Maiskolben zum Trocknen.

Ein letzter Anstieg. Wir blicken auf die andere Talseite zurück, Tadapani liegt weit, weit entfernt. Wir kommen nochmal an einer Schule vorbei, diesmal an der ‹Shree Dhaulashree Secondary School›. Dann sehen wir die ersten Häuser von

Chhomrong. Der Ort liegt am Hang. Anders als in Ghorepani führen uns hier die vielen Treppen bis ganz nach unten ins Dorf, wo sich das ‹New Chhomrong Guest House & Restaurant› befindet. Wir kreuzen mehrere Maultiere mit Lasten. Ziegen sind unterwegs. Ein Haus befindet sich im Bau. Männer schleppen Steinplatten herbei. Wenn ich mir vorstelle, dass hier alles, aber auch wirklich alles von Menschen über viele Tausend Treppenstufen hergetragen wird und getragen worden ist, jedes Kabel, jede Röhre, die WC-Schüsseln, Tische, Stühle, dann muss ich einfach staunen. Eigentlich ist das ganze Dorf herbeigetragen worden. Ein hartes Leben für Menschen und Tiere.

Die Sonne scheint auf den Vorplatz, wo wir ungewohnt spät zu Mittag essen. Von der Kaffeebar schallt Musik, modern und laut. Es soll hier echten Cappuccino und Espresso geben. Nach dem Essen überzeugen wir uns davon.

Das L-förmige Gebäude ist zweistöckig, ein Teil davon dreistöckig, dort schläft die Mannschaft. Auf der Galerie vor den Zimmern im ersten Stock sind Wäscheleinen gespannt, die wir gerne benützen. Auch in dieser Lodge gibt es eine Dusche. Nach einigem Hin und Her und der richtigen Instruktion fliesst warmes Wasser.

Sobald die Sonne weg ist, wird es kalt. Wir sind schon gewöhnt, dass wir mehrere Schichten übereinander anziehen, eigentlich alles, was wir dabei haben. Langärmelige Unterwäsche, Pullover, Wärmejacke, Windstopper, lange Unterhosen, warme Socken, Hosen, Handschuhe und Mütze. Warm eingepackt unternehmen wir einen Dorfspaziergang und landen oder stranden an einem tibetischen Verkaufsstand. Typische bunte Wollmützen, die unter dem Kinn gebunden werden, Handschuhe, Finken und Socken, Schals, gewobene Täschchen, Halsketten und Armbänder. Eine Mützenhysterie bricht aus. Wir probieren die ganze Auswahl durch, diese, nein, diese, die passt dir nicht und diese doch. Vera outet sich als Stilberaterin. Ich entscheide mich für eine Nepalimütze in Rottönen, was ich ohne Veras Einfluss nicht getan hätte. Die Verkäuferin will

350 Rupien dafür. Das ist so wenig, dass ich Hemmungen habe zu handeln.

Martina kommt etwas später dazu, und nach einem kurzen Gespräch mit der Tibeterin steht fest, dass Sonam, eine Freundin von Martina, die in Pokhara lebt, eine Verwandte der Verkäuferin ist. Nun erfahren wir auch, warum die Preise so günstig ausfallen. Die Saison geht zu Ende, und sie will noch möglichst viel loswerden. Das feuert unsere Kauflust an. Ich finde noch einen schönen Wollschal. Ruth kauft Mützen für ihre Enkel und Schals für die Schwiegersöhne, Evelyne findet warme Socken für eine Freundin.

Die neue Mütze behalte ich an, so schön warm gibt sie. Irgendwann befällt mich die Idee, dass Läuse drin sein könnten, und prompt beginnt es mich zu jucken. Barbara sagt, dass 50 % der Wärme über den Kopf verloren gehe. So trage ich die Mütze sogar zum Essen, was die Nepali ebenfalls tun. Drinnen ist es so kalt wie draussen.

Im Essraum gibt es einen Fernseher. Ein Australier logiert extra deswegen hier. So gesellt sich zur Musik noch der Fernseh-Sound. Fussball und Bollywood. Auch der frisch gewählte Donald Trump zeigt sich zwischen den Werbespots. An den zwei schmalen Tischen mit günstigem Blickwinkel auf den Bildschirm sitzen auch einige aus unserer Mannschaft und geniessen die Abwechslung. Wir setzen uns an den in der Verlängerung des Raumes stehenden grossen, quadratischen Tisch. Er ist mit Wolldecken eingefasst. Unter dem Tisch befindet sich ein Hohlraum, fast wie ein Kellerloch. Dort steht ein Ofen, mit dem man heizen könnte. Das wird aber nur im Winter getan und jetzt ist Herbst. Das Essen wärmt uns ein wenig auf und der Tee tut gut. Wie jeden Abend lassen wir die Thermosflaschen mit heissem Wasser füllen. Wir sind alle froh, dass wir in unsere warmen Schlafsäcke kriechen können.

Höhenmeter: ↗ 406 ↘ 909

Morgenstimmung in Tadapani
Mittagessen im Gästehaus in Chhomrong

Chhomrong – Himalaya

Durch das Fenster im Essraum sehen wir den Machhapuchhre. Nach dem reichhaltigen Frühstück und dem Tee, der uns aufwärmt, packen wir unsere Taschen – die Träger warten – und wandern los. Zuerst geht es abwärts durch einen schönen Wald mit Bambus und Rhododendron, danach führt uns eine Hängebrücke auf die andere Talseite. Wieder geht es treppauf. Ein Blick zurück zeigt in weiter Ferne das Dorf am Hang, das wir heute Morgen verlassen haben. Vor uns, ebenfalls in weiter Ferne, zeigt sich im Talausschnitt an der linken Krete ein blaues Dach. Sinuwa ist unser nächstes Zwischenziel. Das blaue Dach scheint für lange Zeit immer gleich weit entfernt zu sein. So kommt es mir jedenfalls vor.

Nach zwei Stunden erreichen wir Sinuwa. Lakpa gönnt uns eine Teepause. Es ist heiss. Von jetzt an trinke ich nur noch Ginger-Lemon-Honey-Tea und hoffe, dass dies meinen Schnupfen, der sich aus dem Halsweh entwickelt hat, etwas lindert.

Wir wandern weiter den westlichen Hang entlang, den Machhapuchhre vor Augen, den rauschenden Modi Khola unten in der Schlucht. Die Sonne brennt. Geredet wird nicht mehr viel. Die Abstände zwischen uns vergrössern sich. Weite Strecken gehe ich allein, Dawa folgt mir wie ein Schutzengel. Mit der Regelmässigkeit der Schritte kehrt die ersehnte Ruhe ein, die meditative Stille, die mich beim Laufen so zufrieden macht.

Zur Mittagszeit erreichen wir Bamboo. Mir gefallen die farbigen von Hand gemalten Landkarten, die bei den Lodges aufgehängt sind. Trekking-Routen, Flüsse und Ortschaften sind eingezeichnet, Distanzen mit Zeitangaben, Himmelsrichtungen, manchmal Tiere, Häuschen und Häuser. Hier in Bamboo fotografiere ich eine besonders kunstvolle Ausführung. Der schematische Teil füllt die unteren zwei Drittel der Tafel, im oberen Drittel sind die Berge naturalistisch dargestellt und die Höhenangaben in roter Farbe darauf gepinselt, ein prächtiger Pfau im Vordergrund gibt der Landschaft etwas Tiefe.

Am Kiosk gibt es die üblichen Waren zu kaufen, wie WC-Papier, Dosengetränke, Snickers, Chips und anderes zum Knabbern. Auch hier wächst das Gemüse gleich neben der Küche. Blumenkohl, Kohl und Spinat – oder ist es Lattich? Über dem Gartenbeet steht ein dachartiges Gerüst aus Ästen, darauf liegt eine Plastikfolie, und fertig ist das Treibhaus. Das vor Wind und Wetter geschützte Gemüse wird zum Kochen frisch geerntet. Ein unerwarteter Luxus, liegt Bamboo doch bereits auf 2190 m ü. M.

Wir wandern weiter durch den Bambuswald, überqueren kleine Brücken und vertrauen darauf, dass sie uns tragen. Die Sonne brennt unbarmherzig. Die Haare unter meinem Hut sind nass geschwitzt. Immer wieder zeigt sich die Spitze des Machhapuchhre im grünen Talausschnitt. Das Zeitgefühl ist mir abhanden gekommen. Ich laufe und laufe. Noch einmal geht es steil bergauf, die Treppe will nicht enden. Eine Himmelsleiter. Es geht mir an die Substanz, aber dann ist es geschafft. Wir treffen in Himalaya ein.

Das Erste was mir auffällt, ist die Zahnbürstenwand. Gegenüber der Toilette ist ein kleines Handwaschbecken an der Natursteinmauer befestigt, darüber ein Spiegel und rechts davon stecken viele farbige Zahnbürsten in den Spalten zwischen den Steinen. Wem die wohl gehören? Den Gästen, der Mannschaft, dem Personal? Praktisch! – Aber ich werde meine Zahnbürste trotzdem nicht dort deponieren.

Die Himalaya-Lodge ist die einfachste bis jetzt. Die Dusche zu benützen kostet mich Überwindung, obwohl sie warm ist. Wie an den meisten Orten, muss man dazu den Hof durchqueren. Und das soll man bekleidet tun. Mein Handtuch wäre eh zu klein, um mich darin einzuwickeln. Zwecks Gewichtsreduzierung meiner Tasche habe ich mich gegen ein grosses entschieden – ob gut oder schlecht, weiss ich nicht. Vielleicht trocknet ein kleines schneller, wenn es denn einmal trocknen würde.

Die Dusche ist ein dunkler Raum mit einem rohen Zementboden. «Den blauen Hebel nach oben stellen, damit heisses Wasser kommt.» Man braucht eine genaue Anweisung, Lakpa weiss das. Die Installationen sind nicht selbsterklärend und überall wieder anders. Hier fällt zum Glück etwas Licht durch einen kleinen Fensterschlitz, und in der Tür steckt ein Nagel, um die Kleider aufzuhängen. Ich nehme immer nur die Seife und wenn nötig ein Fläschchen Shampoo mit, da man die Sachen meistens nirgends hinstellen kann. Zudem mache ich keinen Schritt ohne meine Flipflops! Daran halte ich mich, weil mir eine Freundin die mühsame Behandlung ihres Nagelpilzes geschildert hat, der in dieser Gegend verbreitet sein soll.

Sich unter der Dusche waschen ist der einfachste und auch der schönste Teil des ganzen Prozederes. Danach folgt das Kunststück, im Halbdunkel mit nassen Füssen wieder in die Unterhosen und Hosen zu steigen. Es kann durchaus passieren, dass man sie verkehrt herum anzieht, oder dass einem die Hose trotz grosser Sorgfalt auf den nassen Boden fällt. – So viel zur Befindlichkeit.

Gleichwohl, eine warme Dusche ist ein Luxus, der nur den Touristen ermöglicht wird. Die Härte des Lebens in diesen Regionen geht an uns vorbei. Sie steift uns nicht einmal. Warm eingepackt sitzen wir noch ein bisschen herum, betrachten den Himmel, erzählen dies und das, bis es Zeit zum Essen ist.

Vor dem Essen muss ich inhalieren, ein liebevoller, aber bestimmter Befehl von Martina. Sie hat in der Küche einen Topf heisses Wasser organisiert und gibt nun eine Messerspitze Tigerbalsam hinein. Mit einem Tuch über dem Kopf atme ich den brennend scharfen Dampf ein. Nach mir kommt Dil dran, ob er sich darüber freut, weiss ich nicht, aber er findet es lustig und ist eindeutig schneller fertig damit als ich. Martina kümmert sich um die Mannschaft genau so gut, wie um uns.

Im Essraum stehen drei Tische, zwei kleinere für die Touristen, ein grosser für die Mannschaft, die immer nach uns isst. Als ich frage, warum, sagt mir Lakpa, weil sie es so gewohnt seien. Für die Einheimischen gibt es täglich Dal Bhat mit grossen Portionen von Reis. Dal Bhat wird immer nachgeschöpft, das heisst, dass jeder so viel essen kann, wie er mag.

Wieder bestellen wir wunderbare Gerichte, Gemüseomeletten, Rösti, Tomatenspaghetti, Fried Noodles, Gemüse-Curry mit Reis, dazu trinken wir Tee, Ginger-Lemon oder heisses Wasser. Die Rösti, mit Käse und Spiegelei überbacken, zu der mich mein Heisshunger verführt hat, ist mir etwas zu fett, und ich kann sie nicht ganz fertig essen. Ich hoffe, dass das kein Anzeichen für Höhenkrankheit ist. Himalaya liegt bereits auf 2920 m ü. M.

In den vergangenen Tagen haben Sebastian, Evelyne und Vera noch Bier oder Coke getrunken. Auf dieser Höhe verzichten sie darauf. Die Produkte, die heraufgetragen werden müssen, verteuern sich mit jedem Höhenmeter. Zudem gibt sich niemand dazu her, die leeren Gebinde wieder hinunterzutragen. Flaschen und Konservendosen stapeln sich hinter den Gebäuden.

Nach dem Essen, es ist gerade mal sieben Uhr, versuchen wir mit Mützen und Handschuhen die Wärme noch etwas zu speichern. Die Füsse bleiben kalt. Ruth erzählt uns spannende und unterhaltsame Kurzgeschichten, die sie einmal gelesen hat. Ich fühle mich in eine andere Zeit versetzt und frage mich, in welchem Teil des Gehirns solche Texte gespeichert sind. Mir fehlt dieser Teil ganz bestimmt.

Die Lodge ist voll, darum gibt es keine Einzelbelegung. Ich teile das Zimmer mit Vera und Evelyne. Zwei Betten stehen an den Wänden und meines am Fenster. Taschen, Rucksäcke, Jacken, Schuhe, Stöcke, Thermosflaschen bleiben am Boden. Ich kann Stirnlampe, Uhr, Nasensalbe und -spray, Taschentücher und eine Flasche Wasser auf dem Fenstersims deponieren und bin froh um diese Möglichkeit. Die andern finden die Matratzen hart, mich hat das bis jetzt nicht gestört. Um meine kalten Füsse zu wärmen fülle ich etwas Wasser aus der Thermos in die ‹Clean Kanteen› (diese Stahlflasche scheint gerade die Alu-Flasche abzulösen.) Da ich dem Verschluss nicht traue, packe ich sie zusätzlich in einen wasserdichten Beutel. Einen nassen Schlafsack zu haben, ist eine Horrorvorstellung. Meine Füsse sind schnell warm, und ich schlafe bald ein.

Irgendwann in der Nacht schrecke ich hoch, weil hinter meinem Kopf, der glücklicherweise in der Schlafsackkapuze steckt, etwas vorbeikrabbelt. Ich taste nach meiner Taschenlampe, natürlich ist sofort alles still. Vera und Evelyne schlafen. Ich lösche die Lampe, kuschele mich ein und schon bald höre ich das Krabbeln erneut, diesmal weiter entfernt am Boden – in unseren Taschen? Mein Verstand sagt, dass es eine Maus (nein, keine Ratte!) sein müsse. Ich überlege und komme zum Schluss, dass ich jetzt trotz allem einfach schlafen werde.

Die nächtliche Stimmung ist etwas Besonderes, darum rege ich mich nicht auf, wenn ich zur Toilette gehen muss. Es ist ein spezielles Gefühl, die Jacke überzuziehen und in die Dunkelheit hinauszutreten. Die Stille, die Schatten der Gebäude, die Sterne, die beim Hinaufschauen immer klarer werden. Heute steht ein heller, voller Mond über mir. Ich fühle mich verbunden mit der Natur, oder vielleicht treffe ich es besser, wenn ich sage «mit dem Kosmos».

Höhenmeter: ↗ *1093* ↘ *420*

Ausblick von Sinuwa mit Machhapuchhre
Gemüsebeet bei der Lodge

Himalaya – Machhapuchhre Base Camp

Um 6.40 Uhr piepst meine Armbanduhr. Ich erzähle den andern von der Maus. Sie haben nichts gehört. Zwischen Mauer und Fensterrahmen finde ich einen lochartigen Spalt, der gross genug wäre, um sogar einer Ratte Durchschlupf zu gewähren. Auch Barbara, Ruth und Martina haben nichts von Mäusen gehört und gut geschlafen. Aus Versehen hat Ruth zu Hause den Sommerschlafsack erwischt und eingepackt. Da wir uns bereits knapp unter 3000 m ü. M. befinden, sinkt die Temperatur nachts ziemlich tief. Martina hat eine zusätzliche Decke organisiert und damit das Problem gelöst.

Frühstück gibt es wie immer um 7.15 Uhr. Eine Stunde später wandern wir talaus- und aufwärts dem fernen Base Camp entgegen. Machhapuchhre, Hiunchuli und Annapurna South zeigen sich abwechselnd am Horizont. Wir befinden uns bereits über der Waldgrenze. Weit, leicht und luftig. Die karge Hochgebirgslandschaft beflügelt mich und weckt ein Gefühl der Sehnsucht.

Heute haben wir 800 Höhenmeter zu bewältigen. Ich gehe bewusst langsam. Auch atme ich, wie schon in den vergangenen Tagen, immer durch die Nase. Auf diese Weise soll man nicht in den anaeroben Bereich geraten und sich besser akklimatisieren können. Heute fällt mir die Nasenatmung schwerer als in den vergangenen Tagen. Die Erkältung macht mir zu schaffen, und ich schnäuze einige Taschentücher voll.

In Deurali gibt es Tee, eine willkommene Pause. All die kleinen Orte mit den poetischen Namen Sinuwa, Bamboo oder Himalaya bestehen aus ein paar Steinhäusern, und ich weiss nicht, ob ausser den Lodge-Betreibern hier überhaupt jemand lebt. Ganz erfreut entdecke ich im Kiosk Tempo-Taschentücher und kaufe zwei Pakete. Durchschnupfsicher steht auf der Verpackung. Drin ist eine andere Qualität.

Dort, wo der linke und der rechte Gebirgszug optisch aufeinandertreffen, steht der markante zweizackige Gipfel des Machhapuchhre weiss leuchtend am Horizont. Gelb- und Brauntöne dominieren die Vegetation. Grün zeigt sich nur noch wenig. An den Hängen tritt der Fels hervor. Der schmale Weg zieht sich auf der linken Seite des Modi Khola entlang. Wir überqueren seine Zuflüsse auf einfachen Brücken, die oft aus ein paar zusammengebundenen Holzstangen bestehen.

Ich beobachte, wie Dawa zwei Steine aufhebt. Bald kommen wir an einem aus Natursteinen errichteten Stupa vorbei, der mit traditionellen Gebetsfahnen geschmückt ist. Darauf sind viele kleine Steine angehäuft worden. Dawa legt seine zwei Steine ebenfalls dazu. Ich frage ihn nicht, wofür oder warum er das tut. Warum-Fragen, das habe ich ja gemerkt, sind schwierig zu beantworten. Oft ist der Hintergrund kultureller Art. Traditionen lassen sich nicht immer erklären. Vielleicht ist es so, dass jeder Stein zu etwas beiträgt. Oder dass jeder etwas hinlegt, was dort bleiben wird, was auch auf dem Rückweg noch dort sein wird, und noch immer dort sein wird, wenn niemand mehr vorbeigeht. Ein schöner Gedanke. Ein Symbol für die Zeit und die Vergänglichkeit.

Ich gehe etwas langsamer, warte, bis Dawa mich einholt, und frage ihn, warum er nach Kathmandu gegangen sei und ob er die Stadt gekannt habe.

Er war noch nie richtig weg gewesen von seinem Ort. Zu Fuss, ja, da waren Tagesmärsche nichts besonderes. Es gab in seinem Dorf eine Notfalltruppe aus Freiwilligen. Wenn jemand verunfallte oder sehr krank war und ins Medical Center gebracht werden musste, stellten sie eine Achtermannschaft zusammen, die den Patienten auf einer Bahre transportierte. Die Männer wechselten sich mit Tragen ab. Der Marsch dauerte einen Tag und eine Nacht. Bei vielen Unfällen, die im Wald oder bei der Arbeit passierten, war Alkohol im Spiel. Das Medical

Center, wohin sie die Verletzten brachten – wenn ich das richtig verstehe – befindet sich in Lukla. Das ist auch der Ort, wo Dawa den Flug nach Kathmandu genommen hat.

Meine Neugier ist geweckt. Wie erlebt ein junger Mann aus einem kleinen Bergdorf, der im Kloster aufgewachsen ist, diese laute, hektische Stadt? Kannte er jemanden in Kathmandu? Wusste er, was ihn dort erwartete? Wie wollte er Arbeit finden?

Dawa erzählt mir von seinem Freund – sie stammen beide aus dem gleichen Dorf –, der ihm das Geld für die Reise geliehen hat, und bei dem er in Kathmandu wohnen konnte. Dieser Freund war es, der ihn ermuntert hatte, in die Stadt zu kommen, weil es hier Arbeit gebe.

Als er in Kathmandu aus dem Flugzeug stieg, fühlte er sich überwältigt und verloren. Das letzte Restchen Mut schwand, als er versuchte einen Bus ausfindig zu machen, der ihn ins Zentrum bringen würde. Er rief seinen Freund an, der ihm versprach, zum Flughafen zu kommen und ihn abzuholen. Das dauerte seine Zeit, aber er kam, und gemeinsam fuhren sie zu dessen Unterkunft, die aus einem kleinen Zimmer bestand.

Der Freund studierte Betriebswirtschaft und Management. Während der Hochsaison, also wenn viele Trekker auf der Everest-Route unterwegs waren, reiste er nach Hause und arbeitete im Hotel seiner Familie mit.

Dawa sagt, dass dieser Freund reich sei, weil seine Familie dieses Hotel besitze. Wahrscheinlich denken wir in verschiedenen Kategorien und verstehen unter «reich sein» nicht das gleiche. Ich nehme an, dass die Hotels oder Gasthäuser an der Everest-Route nicht viel anders aussehen als diese hier.

Der Freund liess ihn bei sich wohnen und verhalf ihm zu einer Arbeit. Als Dawa mir erzählt, um was für eine Arbeit es sich handelte, wird mir einmal mehr bewusst, wie unvorstellbar hart das Leben sein kann. Dawa musste für seinen chinesischen Boss beim Schlachter Fleisch abholen, es zu Fuss durch die Stadt ins Office tragen, dort in Stücke zerlegen und küchenfertig präparieren. Drei Wochen hat er durchgehalten, dann ist er krank geworden. Die Arbeit sei zu hart gewesen.

Sein Freund war ratlos, ohne Ausbildung liess sich nichts anderes finden. Wie sollte Dawa überleben. Ohne Beziehungsnetz konnte er keine Puja abhalten, seine religiöse Erziehung und Ausbildung nützte ihm hier in der Stadt so gut wie nichts. Wenn Dawa Englisch könnte, dann wäre es möglich, sich bei einer Trekking-Agentur zu bewerben, dann könnte der Freund vielleicht einen Verwandten anfragen. Dass Dawa aus einem Bergdorf stammte, das an einer Trekkingroute lag, wäre sicher schon mal von Vorteil.

Dawa lebte weiterhin bei seinem Freund und lernte Englisch. Ich weiss nicht, wie viel Zeit verging, bis er sich beim Verwandten seines Freundes vorstellte und als Küchengehilfe ein erstes Trekking begleiten konnte.

Jetzt erzählt er mir, dass er auch als Träger gearbeitet hat. Ich verstehe aber nicht, ob das früher in seinem Heimatdorf gewesen ist. Lasten tragen sei ein harter Job, erklärt mir Dawa, man könne es tun, aber nicht zu oft. Man bekomme Kopfschmerzen davon.

Mit dem Geld, das er als Küchengehilfe verdiente, konnte er ein Zimmer mieten, den jüngeren Bruder zu sich nehmen und zur Schule schicken. Ich merke, dass er sich Sorgen macht, weil er ihn so oft alleine lassen muss. Manchmal ruft er einen Bekannten an, den er bittet, nach dem Bruder zu schauen. Dawa sagt, dass es für junge Leute schwierig sei, den Wert und den Sinn des Lernens und der Ausbildung zu erkennen. Wir nicken uns zu, das ist nicht nur hier so. Wenn ich mir vorstelle, dass dieser Vierzehnjährige während etwa vier Monaten im Jahr allein zurechtkommen muss, selber für sich sorgen, kochen, essen, Kleiderwaschen, für die Schule lernen – alle Achtung!

Was Dawa macht, wenn die Trekkingsaison beendet ist, will ich wissen. Der Englischkurs sei das Wichtigste, sagt er, und manchmal gehe er ins Kino oder schaue sich bei Freunden Filme an. Es gebe Feiern, Zeremonien oder öffentliche Anlässe, wo man sich treffe, dann seien auch Frauen dabei, ja, da tanzen sie manchmal oder singen zusammen, das gefalle ihm. Was für eine Frau er sich wünschen würde, weiss er nicht oder sagt es mir nicht. Zuerst muss er Geld verdienen, bevor er an eine Familie denken kann. Eines nach dem andern, da hat er recht. Eine Freundin haben scheint keine Option zu sein.

Ich merke, dass ihm die Konversation plötzlich Mühe bereitet. Ich kann seine Gemütslage nicht deuten. Ist er traurig? Bin ich zu indiskret, ist das Gespräch zu ernsthaft geworden?

Er sagt mir, dass er sich oft nicht getraue zu reden, darum fehle es ihm an Worten, sich zu erklären. Aber er bemühe sich jeden Tag von neuem, seine Scheu zu überwinden.

Genau diese Zurückhaltung macht ihn für mich so sympathisch. Aber ich weiss auch, dass wenn er nicht Assistant Guide bleiben, sondern selber einmal ein Trekking anführen will, muss er auf die Leute zugehen können, mit ihnen reden, sie überzeugen und ihr Vertrauen gewinnen.

Wir brauchen insgesamt vier Stunden bis ins Machhapuchhre Base Camp. Die karge Landschaft ist berührend schön, erhaben und still. Die Farben sind rein wie die klare, dünne Luft. Ich kann diese Landschaft und mein Gefühl, das ihr Anblick auslöst, nicht anders beschreiben, als dass ein Wunsch in Erfüllung geht: «Endlich bin ich da, wo ich sein wollte.»

Die langgezogenen blauen und grünen Dächer des Camps, das auf 3700 m ü. M. liegt, zeigen sich. Die gelben Taschen leuchten uns entgegen. Unsere Träger sind längst angekommen. Drei breite, aus Steinen geschichtete Treppen führen zu den einzelnen Gebäuden. Unsere Zimmer liegen in einer Zeile nebeneinander, am linken Ende des Gebäudes befinden sich Toilette und Dusche, rechts ein abgewinkelter Gebäudeteil mit Essraum und Küche.

Wir sitzen an der Sonne und lassen die Wärme auf uns einwirken. Die Speisekarte wird herumgereicht. Für mich gibt es heute Nudelsuppe.

Annapurna South und Hiunchuli liegen westlich des Camps. Diese Richtung werden wir morgen einschlagen. Die Landschaft ist schneefrei, auch die höchsten Berge zeigen teilweise apere Hänge.

Um 15 Uhr verschwindet die Sonne. Der richtige Zeitpunkt für etwas Bewegung. Wir unternehmen eine kleine Wanderung auf die Anhöhe, die hinter dem Camp liegt. Die Guides gehen voran. Zwei Hunde, weiss und hellbraun, begleiten uns, springen mal vor und mal hinter uns her. Als wir oben auf der Krete ankommen, staunen wir nicht schlecht. Die andere Seite fällt schroff, fast senkrecht ab. Das Tal wurde früher vom ‹South Annapurna Glacier› ausgefüllt. Man sieht es an den unterschiedlichen Farben des Gesteins.

Die Vegetation hier oben besteht aus trockenen Gräsern, Moosen und harten struppigen Pflanzen. Ein niedriger Busch erinnert mich an Alpenrosen, die Blätter riechen jedoch anders. Dawa erklärt mir, dass sie als Weihrauch verwendet werden. Weit unten sehen wir die blauen und grünen Dächer der Lodge. Die Gebäudeteile liegen wie rechtwinklig zusammengeschobene Bauklötzchen in der Mulde.

Die Bewegung hat uns warm gehalten. Jetzt, zurück im Camp, spüren wir die Kälte wieder. Heute verzichte ich auf die Dusche. Ich kann mich nicht dazu überwinden. Mir graust vor dem Aus- und Anziehprozedere und den damit verbunden Schlotterphasen. Mit Mütze, Handschuhen, zwei Paar langen Unterhosen, den wärmsten Socken und allen Jacken, die ich dabei habe, gehe ich in den Essraum hinüber. Niemand findet es lustig, so zu frieren.

Rund um den Tisch herum stehen Bänke. An der Tischkante sind Wolldecken befestigt, darunter befindet sich ein kleiner Gasofen. 150 Rupien kostet es pro Person, wenn er angezündet wird. Auch der heisse Tee wärmt uns nicht auf. Wollen wir Weichlinge sein? Alle sind einverstanden mit dem Ofen, auch der junge Mann, der auf dem Bett am Fenster sitzt, kommt zu uns herüber. Der Ofen wird angezündet, und schnell verbreitet sich etwas Wärme unter dem Tisch. Normalerweise würde die offene Flamme Sicherheitsbedenken auslösen – aber nein, warum denn auch, Hauptsache es wärmt.

Für mich gibt es heute Makkaroni mit Tomatensauce. Ich bin nicht sehr hungrig, vielleicht liegt es an der Höhe. Sebastian hat schon den ganzen Tag Kopfschmerzen. Martina konsultiert das Buch über Höhenmedizin, das sich in der Apotheke befindet, und macht einen Diagnosetest, indem sie Sebastian Fragen stellt und die Antworten notiert. Die Auswertung ergibt «leichte Höhenkrankheit». Sie misst den Sauerstoffgehalt seines Bluts mit einer Klammer, die sie an seinen Zeigefinger steckt. Der Display zeigt 90 %, was auf dieser Höhe normal ist. Wenn er die Nacht gut übersteht, kann er morgen mit uns zum Annapurna Base Camp aufsteigen, danach soll er direkt nach Himalaya hinunter. Martina versorgt ihn mit Medikamenten. Nun wollen auch wir Frauen den Sauerstoffgehalt messen und strecken Martina unsere Finger entgegen. Etwas Unerwartetes zeigt sich. Bei Ruth, der Ältesten, zeigt die Messung 80 %, bei mir, der Zweitältesten, 85 % und bei allen andern 90 %. Theoretisch sollten Ruth und ich krank sein.

Die warmen Knie erhellen unsere Stimmung, und wir bleiben länger sitzen als sonst, das heisst bis etwa halb neun. Eigentlich hätten wir morgen früh nochmals Gelegenheit, ins Camp aufzusteigen und einen Sonnenaufgang zu erleben. Das hiesse bei Dunkelheit und ohne Frühstück zwei Stunden (ca. 400 Höhenmeter) zu wandern. Es will sich niemand so recht dafür begeistern. Wir werden dort oben kaum alleine sein, auch wenn es nicht ganz so viele Leute haben wird wie auf dem Poon Hill.

Wir schlafen in der gewohnten 3er-Formation. Der hellbraune Hund liegt vor unserer Tür. Obwohl ich keine Hundefreundin bin, gefällt es mir, dass er uns bewacht. Evelyne und Vera sind nicht so glücklich, weil man in der Dunkelheit versehentlich auf ihn treten könnte.

Unsere Körper wollen sich akklimatisieren und arbeiten entsprechend. Wir müssen alle mehr als einmal raus und steigen problemlos über den schlafenden Hund, den wir gut sehen, weil der Mond noch fast voll ist. Dass ich oft erwache in dieser Nacht, stört mich nicht. Die Stille draussen gefällt mir. Die Schlafsackwärme bleibt eine Zeitlang im Körper, und so empfinde ich die Temperatur auch unter dem Gefrierpunkt nicht als kalt. Die Berge glänzen unglaublich schön, ein überwältigendes nächtliches Panorama.

Das Nepali-WC und das Lavabo sind relativ sauber. Am Nachmittag habe ich gesehen, dass es geputzt wird. In dieser Lodge stelle ich zum ersten Mal fest, dass etwas – wenn auch nur der Toilettenraum – gestaltet worden ist. Die Wände sind gelblich gestrichen, der Boden ist mit Platten ausgelegt, darin eingelassen ein hellblaues Plumpsklo. Wie viel das ausmacht!

Der Wasserhahn, der den Spüleimer füllt, darf nicht ganz zugedreht werden, weil sonst die Leitung einfrieren könnte. Wir hören viel Gebell in dieser Nacht. Von nah und fern. Am Morgen ist unser Hund verschwunden.

Höhenmeter: ↗ 828 ↘ 18

Blick zur Annapurna South
Unser 3er-Zimmer im Machhapuchhre Base Camp

MBC – ABC – MBC

Die Abkürzungen für die beiden Camps sind üblich und werden gern verwendet. Das Machhapuchhre Base Camp wird MBC genannt und das Annapurna Base Camp ABC.

Das Aufstehen um 6.40 Uhr ist zur Gewohnheit geworden. Auch heute erwache ich, bevor der Wecker piepst. Wie meistens bin ich die Erste beim Freiluftzähneputzen und geniesse das Panorama, das hier besonders eindrucksvoll ist. Der weisse Mond hängt über der Annapurna. Der Himmel ist wolkenfrei blau. Bevor ich zu frieren beginne, wasche ich das Gesicht mit eiskaltem Wasser. In der Enge unseres Zimmers streiche ich etwas Sonnencreme ins Gesicht, Deo in die Achselhöhlen und ziehe schnell meine vielen Schichten an.

Der heisse Tee wärmt und macht mich munter. Das Frühstück fällt bescheiden aus, etwas Gurung Bread genügt mir. Mehr essen kann ich nicht. In meinem Rucksack stecken Schokolade und Biberli als Notproviant. Bereits gestern hat mir etwas Schokolade den nötigen Energieschub für die letzten Kilometer verpasst.

Martina und Lakpa haben die Planung mit unserem Einverständnis geändert. Wir werden nicht im Annapurna Base Camp auf 4100 m ü. M. übernachten, sondern wieder hierher zurückkehren. Die Lodge hier sei recht nett, und es gebe nicht so viele Leute wie im ABC.

Weil wir nicht packen müssen, bin ich etwas früher parat. Um nicht herumzufrieren, da ich zum Laufen weniger Schichten trage, gehe ich schon mal ein Stück voraus. Es dauert nicht lange, bis ich Dawa hinter mir bemerke. Martina hat ihn nachgeschickt. Sie will nicht, dass jemand allein unterwegs ist.

Von der Annapurna weht ein eisiger Wind herunter. Der Fluss ist gefroren. Ich fotografiere die Eisblattern. Eine Ratte verschwindet in ihrem Erdloch. Es gibt viele davon. Ihre Felle haben die gleiche Farbe wie die von Goldhamstern.

Die andern sind jetzt auch unterwegs und holen uns bald ein. Noch gehen wir im Schatten. Es kann nicht mehr lange dauern, bis wir die Grenze ins Sonnenlicht überschreiten.

Ich frage Dawa, ob sie auch Schlafsäcke dabei hätten. Natürlich haben sie das nicht. Es gebe Wolldecken. Ob das nicht zu kalt sei. Er zuckt die Schultern. Sie liegen nah beisammen, das wärmt auch. Diese Vorstellung ist mir nicht vertraut – aber ja, warum nicht, wohl besser als frieren.

Dann sehen wir das Base Camp. Es sind wiederum blau gedeckte, längliche Gebäude, die in rechten Winkeln zueinander stehen. Als wir dort ankommen, wird mir mit zeitlicher Verzögerung klar, warum uns so viele Leute entgegengekommen sind. Die haben sich den Sonnenaufgang angeschaut und steigen jetzt ab.

Am höchsten Punkt des Camps, auf einer Rippe, markiert ein Stupa unser Ziel. Von seiner Spitze aus sind unzählige Schnüre mit Gebetsfahnen in verschiedene Richtungen gespannt. Die eine Seite der Rippe bricht ins Tal des Annapurna-Gletschers ab, die andere verläuft etwas flacher in die Ebene des Base Camps über.

Nun, wir sind am Punkt der Umkehr angelangt. Die Hälfte des Weges ist geschafft, was uns auf dem Rückweg erwartet, wissen wir noch nicht.

Es gibt verschiedene Möglichkeiten, der Freude und Ergriffenheit Ausdruck zu verleihen. Laut, leise, überschwänglich, andächtig oder still. Nach den spontanen Bekundungen veranstalten wir ein ausgiebiges Fotoshooting. Wir geniessen es, zusammen mit unseren Guides in verschiedenen Formationen zu posieren. Heutzutage stellt man sich für ein Foto nicht einfach hin, sondern streckt zumindest die Arme in die Luft oder hält die Hand so, dass sie in der richtigen Perspektive auf die Bergspitze zu liegen kommt.

Unsere Guides versuchen sich in Luftsprüngen. ‹Abgehoben›, so wollen sie sich vor der grandiosen Kulisse fotografieren. Im richtigen Moment abzudrücken ist nicht ganz einfach.

Ich habe meinen weissen Zeremonienschal mitgenommen, den ich im Hotel in Kathmandu erhalten habe. Lakpa lacht, als er mich damit sieht. Mache ich etwas falsch? Er sagt nein. Auch Martina findet mein Vorhaben in Ordnung. So knüpfe ich den Seidenschal, wie ich mir vorgenommen habe, zwischen die Gebetsfahnen. Wie lange er wohl flattern wird? Stunden, Tage, Jahre?

Tief unten in der Schlucht, die der schmelzende Annapurna-Gletscher hinterlassen hat, und die heute eine Geröll- und Schuttwüste ist, sehen wir eine Gruppe Bergsteiger, die sich talwärts bewegt, winzige Ameisen in dieser gewaltigen Landschaft. Ihre Stimmen hören wir bis zu uns herauf. Lakpa sagt, dass sie sich auf dem Rückweg des Tent Peaks befänden.

An der Sonne ist es angenehm warm, so setzen wir uns an einen Tisch vor der Lodge und trinken Tee. Weil wir alle hungrig sind, bestellen wir bereits um elf unser Mittagessen. Ich fühle mich sehr wohl und glaube, dass ich mich gut akklimatisiert habe.

Dawa macht sich mit Sebastian auf den Rückweg. Sie werden in Himalaya übernachten und am nächsten Tag weiter nach Dovan absteigen. Dort werden wir wieder zusammentreffen.

Sano schlägt uns vor, noch ein Stück höher zu steigen. Ruth möchte nicht mitkommen und lieber mit Lakpa ins MBC zurückkehren. Die zwei Hunde von gestern sind uns bis hierher gefolgt und begleiten uns weiterhin. Wir gehen einen steilen Schräghang hoch, salopp gesagt befindet er sich unterhalb des Hiunchuli. Seit heute Morgen bewegen wir uns in der treppenfreien Zone. Der Pfad ist schmal, Schneereste, Bäche und Geröll verlangen zum ersten Mal auf diesem Trekking etwas Trittsicherheit. Die Hunde tollen herum und jagen nach Ratten. Mein Höhenmesser zeigt 4300 m ü. M., höher hinauf bin ich zu Fuss noch nie gestiegen!

Höhenmeter: ↗ 727 ↘ 0
Total Hinweg: ↗ 5744 ↘ 2414

Vera fühlt sich in der Atmung etwas eingeengt, und ich muss Schokolade essen, damit mir nicht schlecht wird. Eine herrliche Aussicht überrascht uns. Wir geniessen das Panorama. Ich fotografiere den farbenfroh gekleideten Sano. Leuchtend blaue Hose, grüne Jacke, blau-grün-gelb-rot gestrickte Nepalimütze. Die umgehängte rote Apotheken-Tasche setzt einen zusätzlichen Akzent. Hinter ihm tummeln sich der kleinere weisse, den wir Wolf nennen, und der grössere hellbraune Hund, der sich als unser Nachtwächter stark gemacht hat. Im Osten zeigt sich der schneebedeckte Gandharwa Chuli und ein Teil der Annapurna Range. Der Himmel ist so blau wie die Dächer des Base Camps, das unter uns im Hochtal liegt. Dorthin werden wir bald wieder absteigen. Es ist eiskalt. Dass Bergsteiger Wochen und Monate in noch höheren Höhen in Zelten verbringen, ist für mich eine schier unvorstellbare Leistung. Es ist einfach überheblich, zu Hause vor dem Fernseher zu sitzen und zu behaupten, den Everest könne sich jeder kaufen. Die Bedingungen sind hart und setzen extrem hohe Anforderungen an Kondition, Durchhaltekraft und Willen. – So, das musste einmal gesagt werden :-)

Der Rückweg zieht sich in die Länge. Ich habe leichtes Kopfweh und mein Magen fühlt sich flau an. Sind wir heute Morgen diese ganze Strecke gelaufen? So steil? Gegen 17 Uhr treffen wir im MBC ein. Über die Kälte schreibe ich nichts mehr. Auf die Dusche verzichte ich abermals. Meine Frisur ist kein Thema, da ich meine wollene Nepalimütze erst im Bett ausziehen werde.

Das Camp scheint voll zu sein. Draussen werden Zelte aufgebaut. Die Ameisengruppe, die wir von oben beobachtet haben, ist ebenfalls eingetroffen. Ihre Expedition musste abgebrochen werden, weil ein Teilnehmer höhenkrank geworden ist.

Wir bestellen das Abendessen. Für mich kommen nur Spaghetti mir Tomatensauce in Frage, ich kann mir nicht vorstellen, etwas Fettes oder Gebratenes zu essen. Heisser Tee tut uns allen gut. Auch heute wird der Gasofen unter dem Tisch in Betrieb gesetzt. Es ist wärmer als gestern, vielleicht weil mehr Leute um den Tisch herum sitzen. Bald beginnen unsere Knie zu glühen. Wir wagen es fast nicht auszusprechen: «Es ist zu heiss!» Der Mann aus der Küche stellt die Flamme etwas kleiner. Noch weniger geht nicht, weil dann die Gefahr besteht, dass sie verlöscht und Gas ausströmt. Nein, das wollen wir natürlich nicht.

Am Tisch sitzt eine fröhliche, kontaktfreudige Chinesin mit ihrem Guide. Sie erzählt uns aus ihrem unkonventionellen Leben. Aufgewachsen ist sie in Beijing, wo ihre Eltern noch immer leben. Zurzeit wohnt sie in Nairobi und arbeitet in der Reisebranche. Dieses Trekking gönnt sie sich zum Geburtstag.

Mit warmen Beinen ist es schon fast gemütlich. Und wir bleiben etwas länger sitzen. Ruth erzählt von ihrer Reise nach Südamerika, die sie vor zehn Jahren unternommen hat. Am meisten amüsiert uns ihre Schilderung von einem schiefgelaufenen Drogenexperiment. Ein abscheulich schmeckendes Pflanzengebräu hätte Klarsicht und Erleuchtung bringen sollen, ausgelöst hat es Übelkeit und Durchfall.

Nun erzähle ich von meinem Ladakh-Experiment, das mir auch ohne Drogen Übelkeit beschert hat. Das Flugzeug landete in Leh, der Hauptstadt Ladakhs, auf 3500 m ü. M. Voller Entdeckerfreude beabsichtigte ich, das Hochtal im Indischen Himalaya in den nächsten zwei Wochen zu erkunden. Am Nachmittag besichtigte ich mit einem lokalen Guide die kleine Stadt. Danach setzten wir uns in ein nettes Lokal, und schon kurz nachdem ich angefangen hatte zu essen, musste ich bereits wieder aufhören. Mir war schlecht. Ich hoffte, dass es am nächsten Tag besser sein würde. In der Nacht bekam ich Kopfschmerzen und musste erbrechen, am nächsten Morgen versuchte ich vergeblich meinen Porridge zu essen. Am Nachmittag brachte mich der Guide zum Arzt. Dieser untersuchte mich und mass den Sauerstoffgehalt im Blut, der mit 90 % normal war. Den diagnostizierten Magendarm-Infekt sollte ich mit

Antibiotika behandeln. Als am übernächsten Tag keine Besserung eingetreten war, ich nicht einmal mehr Wasser im Magen behalten konnte und meine Kopfschmerzen heftiger wurden, schickte mich der Arzt ins Spital.

Die Touristenabteilung bestand aus einem Zimmer mit ein paar Betten. Normalerweise bekamen die Patienten Sauerstoff und fühlten sich bald wieder besser. Bei mir funktionierte das nicht. Bald steckte eine Infusionsnadel in meiner Vene, die mich zusätzlich zum Sauerstoff mit Flüssigkeit versorgte. Auch die Medikamente wurden mir intravenös verabreicht. Mein Glück war, dass sich eine Schweizer Reiseleiterin, die frei hatte, weil eine Gruppe nicht zustande gekommen war, um mich kümmerte. Musste ich doch mit dem Infusionsständer, der keine Rollen hatte, auf den Gang hinaus, um das Plumpsklo zu benützen. Sie war es auch, die merkte, dass ich Dinge zu sehen begann, die nicht da waren. An den Wänden zeigten sich Ornamente und an den Übergängen zur Decke Stukkaturen. An der Decke sah ich wunderschöne Fresken, die leider übertüncht worden waren, und ich fragte sie, warum man das wohl gemacht hätte, das sei doch schade. Das war erst der Anfang. Bald sah ich auf jeder Fläche, die ich anschaute, bewegte Bilder, ja ganze Filmszenen. Später sah ich die Bilder und Filme auch, wenn ich die Augen geschlossen hielt. Es war absolut spannend und gleichzeitig unglaublich anstrengend, ich musste mich sehr konzentrieren, um alles mitzubekommen. Wenn der Arzt zur Visite kam und mich fragte, wie es mir gehe, sagte ich, es gehe mir gut. Ich war überzeugt, dass es mir, abgesehen von den lästigen Kopfschmerzen, gut ging. Die Gleichgewichtsstörungen, die ich selber nicht richtig wahrnahm, waren für die andern ein Alarmsignal. Nun war es höchste Zeit! Die Reiseleiterin organisierte zusammen mit meinem Veranstalter einen Ambulanzflug nach Delhi.

Dort ging es mir schnell besser. Ein paar Tage später flog ich zurück in die Schweiz. Die Untersuchung in der Höhensprechstunde am Inselspital brachte keine neuen Erkenntnisse. Die nachträglich gestellte Diagnose lautete in Delhi wie in Bern Höhenhirnödem. Allerdings wurden in Delhi auch Kolibakterien festgestellt.

Was ich hier am Tisch den andern so locker erzähle, war ein traumatisches Erlebnis, das Spuren hinterlassen hat, nicht körperlicher, sondern psychischer Art. Dass ich einfach schlapp machte, nicht mehr aufstehen konnte, und mir das alles auch noch egal war, ja, dass ich gar nicht realisierte, wie es um mich stand, hätte ich vorher nicht für möglich gehalten. Das war der eigentliche Schock.

Jedes Jahr verbrachten Tausende von indischen Touristen in Leh und seiner Umgebung ein paar schöne Tage und reisten fröhlich wieder ab, und ich, die doch immerhin aus einem Alpenland stammte, vertrug diese Höhe nicht!

Letzte Nacht habe ich beschwerdefrei geschlafen. Und auch in der folgenden Nacht werde ich gut schlafen können. Diesbezüglich ist es schade, dass ich eine Übernachtung im Annapurna Base Camp auf 4100 m ü. M. nicht testen konnte. Ich bin sicher, dass ich auch dort gut geschlafen hätte. Die Akklimatisation hat funktioniert. Ob ich es nochmals wagen werde, direkt auf dem traumhaft schönen Hochplateau von Ladakh zu landen, steht in den Sternen.

Wir sind gerade bei den Warum-Fragen angelangt, als die Schlafsäcke auf den Fenstersimsbetten ausgerollt werden. Da die Zimmer voll belegt sind, wird auch hier geschlafen. Es ist noch nicht einmal 21 Uhr. Aber angesichts der Tatsache, dass die Leute müde sind, und Warum-Fragen sowieso nicht zufriedenstellend beantwortet werden können, beschliessen wir, die Beine unter dem herrlich warmen Tisch hervor zu nehmen.

Der Kälteschock ist brutal. Zähneputzen und Toilette, Händewaschen mit eisigem Wasser, dann der Kleiderwechsel. Ich behalte die lange Unterwäsche an und lege T-Shirt und Socken in den Schlafsack, so sind sie am Morgen auch bei 5 Grad im Zimmer schön warm und trocken. In dieser Nacht rennen die Ratten auf dem Dach herum. Unser Hund ist nicht da.

Höhenmeter: ↗ 577 ↘ 577 (Rundgang ↘ 150 ↗)

Am höchsten Punkt des Camps
ABC mit Annapurna South im Hintergrund

Machhapuchhre Base Camp – Dovan

Die Annapurna South steht im Morgenlicht, darüber die weisse Scheibe des fast vollen Mondes. Zauberhaft schön. Der heisse, duftende Chia Masala ist ein weiteres Highlight, er wärmt mich und weckt die Freude auf eine weitere Etappe meines Abenteuers. Heute beginnt der Rückweg. Genau betrachtet, hat er bereits gestern oberhalb des Annapurna Base Camps auf unserem höchsten Punkt begonnen.

Die Träger warten auf die Taschen. Sicher freuen sie sich, ihre Familien bald wiederzusehen, die meisten sind verheiratet und haben zwei, drei Kinder. Es ist die letzte Tour der Saison. Gestern hatten sie frei, doch wahrscheinlich gibt es hier oben nichts zu tun, ausser sich zu erholen. Soviel ich weiss, spielen sie gern. Ich hatte in Chhomrong beobachtet, wie Prakash Noten aus einem Bündel herauszählte und den andern verteilte. Zuerst dachte ich, es sei vielleicht der Tageslohn, doch Martina klärte mich auf: Er beglich seine Spielschulden.

Ein Brummen in der Luft weckt unsere Aufmerksamkeit. Der Helikopter ist im Anflug. Wir schauen alle viel zu hoch in den Himmel hinauf. In dieser Region kommt er nicht von oben. Er taucht unten im Taleinschnitt auf. Eine grosse ebene Fläche beim untersten Gebäude dient als Landeplatz. Die Träger sind bereits dort und schauen zu, wie der Höhenkranke vom Tent Peak eingeladen wird.

Jetzt auf dem Rückweg, bei der veränderten Perspektive, zeigt sich, wie steil und schroff die Felswände links und rechts des Flusses sind. Sie liegen im Schatten. Wenn wir zurückschauen, sehen wir die bekannten weissen Gipfel. Die Höhe der Annapurna South beträgt 7219 m ü. M. Die Annapurna I ist mit 8091 m ü. M. der höchste Berg des Annapurna-Massivs. Nach zwei Stunden erreichen wir Deurali und gönnen uns eine Teepause. Es ist ein Wiedersehen, ganz klar. Abwärts geht alles etwas leichter.

Lakpa ist sich seiner Führungsfunktion bewusst und verteilt seine Aufmerksamkeit und Zuwendung umsichtig. Heute bin ich es, die ein Stück begleitet wird. Ein verschmitztes Lächeln im Gesicht und wie immer guter Laune fragt er mich nach meiner Familie. Ich antworte, dass ich verheiratet sei, aber keine Kinder hätte. Er fragt noch einmal nach. Er hat mich schon richtig verstanden, ich habe keine Kinder und demzufolge auch keine Enkel. Ich weiss nicht, was er in der folgenden Schweigeminute denkt und was ihn hemmt weiterzufragen. Manchmal vermeide ich solche Situationen, indem ich mir zwei Kinder erfinde. Bei Lakpa, einem aufgeschlossenen jungen Mann, habe ich gedacht, sei das nicht nötig. Wie modern seine Einstellung ist, wird er mir gleich verraten. Er ist etwas über dreissig und noch unverheiratet. Es eilt ihm nicht damit. Er ist mit drei Geschwistern in der Everest-Region auf 3400 m ü. M. aufgewachsen. Nun lebt er in Kathmandu. Was er sich für eine Frau wünscht, kann er mir ziemlich genau beschreiben. Es sollte eine hübsche Sherpa mit einer guten Schulbildung sein, etwas jünger als er, aber nicht grösser, «and not too intelligent.» Wir lachen beide. Also ist er ein typischer Macho. Natürlich, das muss er doch sein, um eine Frau zu finden. Später relativiert er seine Aussagen und meint, dass Liebe oft auch unberechenbar sei, und vielleicht verliebe er sich in eine ganz andere Frau. Das Wichtigste: Er muss genug Geld verdienen, um eine Familie ernähren zu können. Bevor es so weit ist, darf und will er gar nicht ans Heiraten denken. Eine Frau, die für ihn arbeiten geht? Nun lacht er laut heraus. «Das ist aber nicht dein Ernst!»

Nach anderthalb Stunden sind wir in Himalaya, bei der Lodge mit der Zahnbürstenwand. An der Sonne ist es zu heiss und im Schatten zu kalt. Unsere Guides machen alles für uns. Die Lösung ist ein Tisch halb in der Sonne und halb unter dem Dach. Wir sind nicht unkompliziert; auch beim Bestellen des Mittagessens. Mittlerweile trinken wir nicht mehr einfach Ginger-Lemon-Honey, sondern zwei von uns bestellen Ginger-Lemon ohne Zucker, eine mit und zwei ohne Lemon dafür mit Honey. Auch beim Essen machen sich die Eigenheiten bemerkbar, spezielle Zusammensetzungen wie etwas mehr Gemüse, weniger Reis und andere Wünsche sind an der Tagesordnung. Wir werden immer freundlich verwöhnt.

Die Guides vermitteln zwischen uns und der Küche. Sie decken den Tisch, bringen die Speisen und räumen auch wieder ab. Die drei Männer und Martina machen alles, damit es uns gefällt, damit wir uns wohlfühlen. Sie sind unermüdlich freundlich, umsichtig, kein Wunsch scheint ihnen unangemessen oder zu viel zu sein. Da ich früher selber in der Dienstleistungsbranche gearbeitet habe, bewundere ich diese grossartige Einstellung und Leistung. Ich weiss, wie viel es manchmal kostet, Extrawünsche, und werden sie noch so freundlich vorgebracht, zu erfüllen. Gibt es etwas Komplizierteres, als ein paar Individualisten zufriedenzustellen, die zufällig eine Gruppe bilden?

Der Weg will nicht enden. Sind wir tatsächlich diese unendlich vielen Treppen hochgestiegen? An die Brücke, deren Querstäbe mit Seilen an die zwei tragenden Baumstämme geknüpft sind, erinnere ich mich gut. Das Wasser darunter umfliesst riesige glatt geschliffene Felsformationen. Beim Aufstieg wären wir nicht auf die Idee gekommen, hier eine Pause zu machen. Jetzt, müde und verschwitzt, lockt uns das Wasser. Vera und Evelyne ziehen die Schuhe aus und nehmen ein erfrischendes Fussbad. Die Guides setzen sich ebenfalls zu uns.

Die Pause dehnt sich. Niemand hat Lust weiterzulaufen. Ich filme ein Rinnsal, das in eine Steinmulde fliesst und sich darin zu drehen beginnt. Von einem grösseren Sammelbecken stürzt ein Wasserfall in die Schlucht hinunter.

Als wir endlich aufbrechen, erreichen wir Dovan überraschend schnell. Das Wiedersehen mit Sebastian ist freudig. Er, der als einziger in unserer Gruppe das Privileg des Einzelzimmers genossen hat, weil geschlechtergetrennt geschlafen wird, musste hier wegen Platzmangels die Nacht im gemischten Fünferschlag verbringen, was ihm anscheinend gefallen hat. Er fühlt sich wieder ganz gesund.

Dovan ist das grösste Camp bis jetzt. Wieder freue ich mich, als ich den einladenden Freiluftwaschtisch aus hellblauen Keramikkacheln entdecke. Darin eingelassen sind zwei weisse Lavabos. Die Rückwand besteht ebenfalls aus Kacheln, weiss, mit blauen Ornamenten verziert. Nicht einmal die Bordüre fehlt, und die zwei eingefassten Spiegel an der Wand sind geradezu luxuriös. Man kann auf den Waschtisch etwas hinlegen, zum Beispiel die Seife, die Zahnpasta oder das Tuch. Welcher Komfort!

Das Camp ist voll, das heisst, dass wir wieder im Dreierzimmer schlafen. Es riecht stark nach Rauch, so lassen wir Tür und Fenster offen, um erst einmal durchzulüften. Martina bringt die gute Nachricht, dass es heisses Wasser gibt. Es stehen zwei Duschen zur Verfügung. Wir müssen uns beeilen, da gleich eine Gruppe Franzosen eintreffen wird. Wer zuerst duscht, duscht warm!

Es ist bereits wieder zum Schlottern kalt, als wir uns leicht bekleidet, schön der Reihe nach auf die Mauer setzen und warten. Evelyne ist fertig und schnell geht Ruth hinein. Barbara ist fertig und ich sehe, dass ein Franzose strammen Schrittes auf die Dusche losgeht. Halt, jetzt bin ich dran! Ich erkläre dem Mann, dass man hier auf der Mauer warten muss, bis man drankommt. Angesichts meiner aggressiven Verteidigung, bleibt ihm nichts anderes übrig, als sich ebenfalls in unsere Reihe zu setzen.

In der Dusche gibt es Haken für die Kleider und eine Ablage für Seife und Shampoo. Nicht schlecht! Mein Aggressivitätsschub von vorhin irritiert mich. Er passt so gar nicht zu meiner vermeintlich friedlichen Stimmung und Gelassenheit.

Die Raumverhältnisse im Zimmer sind komfortabel. Martina und Lakpa haben die Einrichtung etwas verändert. Zwei Betten stehen an den Seitenwänden, meines unter dem Fenster. In der Mitte steht das vierte Bettgestell ohne Matratze, sodass wir unsere Taschen darauf stellen und in einer angenehmen Körperhaltung darin herumwühlen können. Eine tolle Lösung! Einmal mehr beweisen uns die Guides ihre umsichtige Fürsorge.

Da es so viele Leute im Camp hat, bleiben wir im Zimmer, stecken die Beine in den Schlafsack und reden über allerlei. Nicht ungemütlich – bis es wieder nach Rauch riecht. Wir sehen ihn. Am Ende unserer Zimmerzeile befindet sich die Küche. Gekocht wird am offenen Feuer. Der Wind weht in unsere Richtung. Eben werden Zwiebeln geröstet.

Mein Blick fällt zwischen den Gebäuden hindurch auf den Machhapuchhre, der im Abendrot so schön und kräftig leuchtet, dass ich alles andere um mich herum vergesse. Da ich meine kleine Kamera immer in der Hosentasche mit mir herumtrage, gelingt mir ein schönes Bild. Es ist ein Andenken an diesen majestätischen Berg, von dem es nicht umsonst heisst, er sei der Sitz der Götter.

Im Essraum läuft der Fernseher. Wir sitzen am selben Tisch wie die Franzosen. Es ist sehr laut und eine Unterhaltung entsprechend schwierig. Hier gibt es keinen Ofen unter dem Tisch, so gehen wir früh schlafen. Wir lüften unser Zimmer noch einmal kräftig durch.

Höhenmeter: ↘ *1163* ↗ *49*

Die Felswände liegen noch im Schatten
Übersichtskarte in Deurali

Dovan – Chhomrong

An der frischen Luft Zähne zu putzen und die Berge zu bestaunen – daran könnte ich mich gewöhnen. Nach dem Frühstück warten die Träger auf unsere Taschen. Vera braucht etwas länger als wir. Vielleicht packt sie sorgfältiger und hofft so, ihre Sachen beim Auspacken schneller zu finden. Der freundliche Dil bietet ihr seine Hilfe an, was sie dankend ablehnt.

Dann sind wir unterwegs. Wir wissen bereits, was uns erwartet. Hinunter in die Schlucht und auf der andern Seite wieder hinauf. Es wird ein anstrengender Tag in einer wunderschönen Landschaft. Immer wieder erfreut uns der fantastische Anblick der weissen Doppelspitze des Machhapuchhre.

Lakpa war nicht zufrieden mit der Lodge in Dovan, auch Sebastian hat gesagt, dass Dawa sich über gewisse Umstände aufgeregt habe. Der Besitzer sei kompliziert, ist sicher eine diplomatische Ausdrucksweise. Weil es mir dort sehr gut gefallen hat, möchte ich genauer wissen, was es war. Lakpa erklärt mir, dass es für die Mannschaft gute und schlechte Orte gebe. Manchmal bekämen sie zu wenig zu essen. Es werde nicht überall gut gekocht. Dass sie in Massenschlägen schliefen, das wusste ich bereits. Genug Wolldecken und Matratzen gibt es nicht überall.

Unsere Mittagspause machen wir in Sinuwa auf 2360 m ü. M. Das ‹Sherpa Guest House› ist eine hübsche kleine Lodge mit freundlicher Atmosphäre und schöner Aussicht. Wir sitzen an der Sonne und trinken Tee. Eine junge Tibeterin betreibt einen Verkaufsstand mit Schmuck und Wollwaren. Sie will uns nach dem Essen ihre Sachen zeigen. Eine ältere Frau sitzt auf einem Tuch am Boden und löst rote Bohnen aus den Hülsen. Wer in der Küche arbeitet, sehen wir nicht. Eine zweite junge Frau hilft im Service. Für einmal sind unsere Guides entlastet. Es ist das erste Mal, dass wir Frauen in einer Lodge arbeiten sehen. Auch hier essen wir gut.

Lakpa und Dawa nützen nach dem Essen die Gelegenheit, sich mit den beiden jungen Frauen zu unterhalten. Dawa hat den Vorteil, dass er Tibetisch spricht, und sich so mit der hübscheren der beiden unterhalten kann. Unsere Guides verwandeln sich in werbende Männer und vergessen uns fast ein bisschen. Auch die umworbene Tibeterin vergisst uns. Erst als wir aufbrechen, fällt ihr wieder ein, dass sie uns etwas verkaufen wollte. Jetzt ist es zu spät. Die Felle schwimmen ihr davon.

Immer wieder knipse ich ein letztes Bild vom Machhapuchhre, diesmal mit unseren gelben Taschen im Vordergrund. Mal überholen wir die Träger, mal überholen sie uns. Wir rasten nicht immer an den gleichen Orten. Sie teilen die Strecke anders ein und kennen die bequemen, schattigen Plätze, wo sie ihr Gepäck rückwärts auf einer Mauer oder einem Absatz deponieren können.

Ich bin daran, die Zeit zu vergessen. Es fällt mir nicht mehr ein, auf die Uhr zu schauen oder die Tage zu zählen. Ich laufe und geniesse die Landschaft, die Pflanzen, Bäume, Blumen, den Blick in die Berge, auf Felder, Steine, den Fluss unter der Hängebrücke, Schulkinder, Wasserbüffel – einen Stich versetzt mir der Anblick eines Reiters, der sein Maultier die Treppen hochpeitscht –, weiter vorne sehe ich ein junges Kätzchen, ein angebundenes Kalb und immer diese Treppen, die vor Jahrhunderten für die Zeit nach uns gebaut worden sind. Wie viele Füsse haben diese Treppen bereits begangen und wie viele werden sie noch begehen?

Um 16 Uhr treffen wir in Chhomrong ein. Dieselbe Musik wie auf dem Hinweg, wir kennen sie, es fühlt sich an wie heimkommen. Als erstes wird die WLAN-Verbindung hergestellt und ein Bild vom Machhapuchhre, der wunderschön am Himmel steht, nach Hause geschickt.

Der Barkeeper notiert unsere Cappuccino-Bestellungen. Dann beziehe ich mein Zimmer. Die Tasche wartet bereits. Diesmal schlafe ich wieder allein. Auch nicht schlecht, so kann ich mich etwas ausbreiten. Der Kaffee lässt auf sich warten. Mit der Maschine stimmt etwas nicht – oder mit der Elektrizität? Leichte Panik, als sich der Barkeeper Richtung Dorf aufmacht. Beruhigenderweise geht er nur an seinen Verkaufsstand, der sich etwas oberhalb der Lodge befindet. Keine Angst, er hat unseren Kaffee nicht vergessen. Die Maschine muss zuerst genügend Druck aufbauen.

Mittlerweile sind wir geduscht und ein paar weitere Gäste treffen ein. Endlich riecht es nach Kaffee. Die neuen Gäste fragen uns, wie lange wir schon warten. Sofort befürchte ich, dass sie sich vordrängen wollen. Ich sage ihnen, dass die ersten Kaffees uns gehören. (Einmal mehr überrascht mich meine Reaktion – was ist auch los mit mir?) Der Cappuccino schmeckt wunderbar, der süssliche Geschmack der Pulvermilch beglückt mich. Es braucht so wenig – und gleichzeitig so viel.

Dick eingepackt erscheinen wir zum Abendessen. Am grossen Tisch sitzen bereits mehrere junge Leute. Sorgfältig geschminkte Frauen mit lackierten Nägeln! Zwei gestylte Männer. Der Sprache nach könnten es Inder sein, dem Aussehen nach eher Asiaten. Ich erinnere mich, dass indische Gebiete bis weit in den Himalaya hineinreichen. Wie gehören die Leute zusammen? Was machen sie hier?

Ruth beginnt eine Konversation und löst das Rätsel. Es sind Nepali mit Wohnsitz in Hongkong. Sie unternehmen jedes Jahr eine Familienreise. Mit Familie meinen sie Verwandtschaft. Wir staunen nicht schlecht, waren sie doch wie wir im Annapurna Base Camp.

Obwohl noch nicht Winter ist, wird der Ofen in der kellerartigen Grube unter dem Tisch in Betrieb gesetzt. Die jungen Nepali wollen nicht frieren. Der Küchenbursche klettert hinunter. Die offene Flamme erschreckt uns nicht mehr. Dem Geruch nach brennt der Ofen mit Petrol.

Während sich die jungen Leute mit ihren Smartphones beschäftigen, erzählen wir uns Geschichten, solche aus Büchern und solche aus dem Leben. Wir ziehen sogar die oberste Schicht aus, so behaglich steigt die Wärme von den Beinen in den Körper hoch.

Da Ruth oft mit Sano an der Spitze wandert und sich immer gut und lebhaft mit ihm unterhält, aber nie ganz sicher ist, ob sie alles richtig versteht, erzählt sie uns – natürlich unter Vorbehalt – aus seinem Leben. Er ist von seiner Frau verlassen worden. Sie hat sich nach Italien abgesetzt, was vor längerer Zeit gewesen sein musste, denn das goldene Armband, das er trägt, hat ihm seine jetzige Frau geschenkt. Die ehemalige Frau also ist mit einem Italiener durchgebrannt und nicht mehr zurückgekehrt. Die genauen Umstände der Trennung kennt Ruth nicht. Auf jeden Fall plagt Sano die Untreue seiner ersten Frau noch immer. Diese soll nun schwanger sein und bald ein Kind gebären. Unverheiratet! Sano wollte von Ruth wissen, ob das in Europa normal sei. Ja und nein, sicher ist es für eine Frau in Europa einfacher, als für eine Frau in Nepal, war die diplomatische Antwort von Ruth. Aber ein Kind braucht einen Vater, das ist überall so.

Ruth fragt Martina, die Sano schon von früheren Trekkings kennt, ob es sein könne, dass Sanos neue Frau ebenfalls schwanger sei. Denn irgendwie habe sie verstanden, dass Sano bald Vater werde und sich auf das Kind freue – damit konnte ja nicht das Kind der ersten Frau gemeint sein. Ein spannender aber undurchsichtiger Sachverhalt, weil Martina sich nicht vorstellen kann, dass, wenn es so wäre, sie nichts davon wüsste.

Das Rätsel lässt sich an diesem Abend leider nicht auflösen. Wir werden später erfahren, dass Sano tatsächlich noch einmal geheiratet hat und bald Vater werden wird. Das Kind soll im Dezember geboren werden. Man merkt ihm an, dass er sich darauf freut, er scheint ein zufriedener und ausgeglichener Mann zu sein.

Trotz der angenehmen Wärme – oder gerade deswegen – sind wir um halb neun bereits wieder müde. Wir lassen noch unsere Thermosflaschen füllen und gehen schlafen.

Dass wir in den Zimmern mit den dünnen Wänden alles voneinander hören, daran haben wir uns gewöhnt, jedes Husten, jedes Räuspern, jedes Wort, sogar das Licht dringt durch die Ritzen. Ich liege Wand an Wand mit einem seltsamen Nachbarn, der niemanden grüsste und den Augenkontakt vermied. Am Nachmittag stand er eine halbe Stunde lang unter der Dusche (oder vielleicht kam es uns nur so lange vor, weil wir warten mussten), was uns geärgert und zu blöden Bemerkungen veranlasst hat. Da wir nicht wussten, welche Sprache er spricht, hofften wir im Nachhinein, und hoffe auch ich jetzt, so Wand an Wand mit ihm, dass er kein Schweizerdeutsch versteht. Ich höre, wie er sich die Nase schnäuzt und hustet.

Höhenmeter: ↘ *765* ↗ *484*

Immer wieder viele Treppen
Unser Gepäck wartet auf die Träger

Chhomrong – Landruk

Unser Gästehaus hier in Chhomrong ist zuunterst im Dorf angesiedelt, so steigen wir heute Morgen zuerst aufwärts. Der Mann mit den glänzenden Augen, dem ich auf dem Hinweg Mandarinen abgekauft habe, kennt mich noch. Anstatt 50 Rupien hatte ich ihm einen 500er-Schein gegeben und gedacht, er sei nicht ganz normal, als er besorgt und aufgeregt anfing, mir bündelweise Geld herauszuzählen. Ein Ladenbesitzer, der uns beobachtet hatte, klärte mich über die Verwechslung auf. Ich kam mir ziemlich dumm vor. Hatte mein nachlässiger Umgang mit den zerknitterten Scheinen, die ich im Hosensack herumtrug, nicht auch mit Ignoranz zu tun, mit fehlendem Respekt? Ich werde die Situation nicht so schnell vergessen. Nun lächle ich dem ehrlichen Mann zu und grüsse ihn freundlich.

Oben im Dorf angelangt, zweigen wir links ab. Von hier an führt der Rückweg über eine andere Route. Wir wandern auf einem schön angelegten Weg den steilen Hang entlang, bevor es dann unaufhörlich abwärts geht, es folgen Treppen, Treppen, Treppen …

Gegen Mittag treffen wir in Jhinu Danda ein, das bekannt ist für seine heissen Quellen. Ein touristischer Ort, könnte man sagen. Wir begegnen unserer Chinesin vom Machhapuchhre Base Camp und den fünf jungen Nepali von gestern Abend. Gleich beim Eingang des Restaurants, wo wir über eine Leiter auf die Dachterrasse steigen, liegen drei frisch geborene Hunde. Ihre Augen sind noch zu.

Nach dem Tee wandern wir zu den Bädern hinunter, skeptisch und neugierig zugleich. Nach einer halben Stunde über abwärts führende Treppen durch dichten Wald überrascht uns ein quadratisches Becken aus behauenen Natursteinen, gefüllt mit dampfendem Wasser. Etwas weiter unten befindet sich ein einfaches Gebäude, das als düstere Umkleidekabine dient. Danach folgt ein zweites Becken, daneben eine Waschstelle, wo aus dicken Röhren in zwei Meter Höhe das dampfend heisse Wasser fliesst. Treppab folgt ein drittes Becken. Barbara ist die erste, die im Badekleid auftaucht, danach Vera im Bikini, Ruth im T-Shirt und Evelyne in sportlicher Unterwäsche. Ich kann mich nicht dazu entschliessen. Vor allem, weil ich an die nassen Kleider denke, die ich danach in meinen Rucksack packen muss. Auch hindern mich, wenn ich ehrlich bin, die vielen Blicke, gibt es doch etliche Zuschauer. Das alles sind gute Gründe, aber meine Unentschlossenheit hemmt mich am meisten.

Ein Aufseher schaut, dass sich alle zuerst unter dem fliessenden Wasser waschen, bevor sie ins Becken steigen. Dawa und Sano gönnen sich eine gründliche Reinigung. Sie seifen sich mehrmals ein und stellen sich immer wieder unter den dicken Strahl. Für sie gab es wohl keine heissen Duschen unterwegs. Ich setze mich mit Martina und Sebastian auf die Mauer mit Blick zum Fluss hinunter und geniesse das absorbierende Rauschen des Modi Khola.

Oben im Ort angekommen, sind nicht nur die Ungewaschenen, sondern auch die frisch Gebadeten wieder verschwitzt. Wir bestellen das Essen. Auch hier schmeckt alles gut. Irgendwann fällt mir auf, dass die jungen Hunde nicht mehr da sind. Die Mutter scharrt hinter uns in der Erde herum.

Bald wandern wir weiter. Eine Hängebrücke führt über den Kimrong Khola, ein Zufluss des Modi Khola, der dem Annapurna-Gletscher entspringt, und dem wir die letzten Tage gefolgt sind. Bei Himal Kyu, was übersetzt neue Brücke heisst, gibt es nochmals Pause. Ich kaufe zwei geknüpfte Armbändchen an einem Stand. Dass ich bereits an Mitbringsel denke, zeigt, dass ich mich auch mental auf dem Rückweg befinde.

Wir wandern auf der westlichen Talseite bis zur alten Brücke. Sie ist tatsächlich alt, aber hoffentlich nicht morsch. Mein

Vertrauen ist grenzenlos :-) Barbara wird von Lakpa und Sano in die Mitte genommen. Später sehen wir, dass es einen Kilometer weiter vorne eine neue Brücke gibt. Lakpa lacht verschmitzt und meint, dass ein bisschen Abenteuer nicht schlecht sei für die Moral.

Der Weg führt auf und ab, über Bäche, an Wasserfällen vorbei, um dann noch einmal anzusteigen. Landruk ist das erste richtige Dorf mit Kindern, jungen und alten Leuten auf der Strasse. Hunde, Katzen, Maultiere, Hühner, Ziegen, alle sind unterwegs. Wir erfahren, dass ein Fest vorbereitet wird. Dawa sagt, es finde eine Gedenkfeier für jemanden statt, der vor einem Jahr gestorben sei. Wir hören Trommeln und Musik.

Das Hotel befindet sich oben im Dorf und nennt sich ‹New Peaceful Guest House›. Eine Tafel verspricht ‹Neat Clean Comfortable Bed Rooms, Attached Bath Room, 24 Hour Solar Shower, Tub Bath & Cottage, WiFi Zone›! Was wollen wir noch mehr, so komfortabel hatten wir es schon lange nicht mehr. Oberhalb des Hotels steht ein Geländewagen. Es ist das erste Auto, das wir sehen, seit wir vor zehn Tagen unsere Wanderung in Nayapul begonnen haben. Das bedeutet, dass eine befahrbare Strasse hierher führt.

Die Lage bietet eine schöne Sicht auf Annapurna South und Hiunchuli. Wir blicken in nördlicher Richtung. Noch vor kurzem konnten wir diese Berge von hinten betrachten. Fast unvorstellbar – und doch liegen nur drei Tagesmärsche dazwischen.

Blumenrabatten schmücken den hübschen Garten, rote Tische mit blauen Stühlen stehen in den letzten Sonnenstrahlen. Auf den Treppen, die vom Eingang hinauf und hinunter führen, stehen Töpfe mit Pflanzen. Martina macht die Zimmerverteilung, die Träger deponieren unsere Gepäckstücke vor den Türen. Dann wird es auch hier kalt.

Unsere Gruppe ist allein im Essraum. Wir erzählen wieder Geschichten. Das Hundegebell, das wir hier überall hören, erinnert mich an ein Schlittenhunderennen in Anchorage, an das nervöse Jaulen und Winseln der eingespannten Hunde vor dem Start. Und die heissen Quellen in Jhinu Danda lassen mich an Japan denken, an eine Insel mit ebenfalls heissen Quellen, an Übernachtungen in Ryokans mit Gemeinschaftsbädern. Über diese Erlebnisse erzähle ich nun, sie stammen aus meiner Zeit als Flight Attendant, und natürlich darf ein weiteres Thema nicht fehlen: Die Häufigkeit von Liebesverhältnissen innerhalb der Besatzung. Ich gebe ein paar Müsterchen zum besten. Dazu trinken wir Everest Bier. Die Stimmung ist fast schon gemütlich. Vielleicht gewöhnen sich unsere Körper langsam an die Kälte, oder es ist hier auf bloss noch 1565 m ü. M. etwas wärmer als in den vergangenen Tagen. Um Viertel nach neun (!) gehen wir ins Bett. Die Nacht ist durchwirkt von Musik, Gesang, Trommelrhythmen, Menschenstimmen, dem nahen und fernen Bellen der Hunde.

Höhenmeter: ↘ *1033* ↗ *540*

Ausgangs Chhomrong
Eine der vielen Hängebrücken

Landruk – Australien Camp (Dhampus)

Frühstück gibt es auf der Dachterrasse. Nicht umsonst haben unsere Jacken Kapuzen, die wir über die Mützen stülpen können. So trotzen wir dem kalten Wind und geniessen das herrliche Panorama, von dem wir bald Abschied nehmen müssen.

Heute steht uns die letzte grössere Etappe bevor. Anfangs folgen wir der Fahrstrasse, und prompt müssen wir uns vor den Geländewagen in Acht nehmen. Hier gilt das Recht des Stärkeren, was wir zu unserem eigenen Schutz respektieren. Der Weg führt an fruchtbaren, terrassierten Hängen entlang. Im Gegenlicht leuchten die Felder silbern. Ab und zu stehen einfache Häuser am Wegrand, die mit ‹Lodge & Restaurant› beschriftet sind. Wahrscheinlich sind das eine Art B&B, das heisst, dass man bei den Bewohnern essen und übernachten kann.

Lakpa schlägt uns eine Abkürzung vor. Sie führt, anstatt in einer weiten Schlaufe um den Hügel herum, über diesen hinüber. Wir ahnen noch nicht, was uns tatsächlich erwartet, und sind einverstanden. Es gilt abermals viele, viele Treppen zu bewältigen. Obwohl der Aufstieg durch waldige Abschnitte führt und die Temperatur angenehm kühl ist, schwitzen wir wegen der feuchten Luft. Kalter Schweiss auf der Haut ist ideal für Erkältungen. Ich bin es schon, den anderen steht es noch bevor.

Auf halber Höhe treffen wir auf einen Kiosk. Eine willkommene Pause. Lakpa hätte hier keinen Halt eingeschaltet, tut es aber uns zuliebe. Der Wirt ist ein komischer Kerl und findet es nicht lustig, Tee für uns zu kochen. Ein bisschen herumzuschimpfen scheint zu seinem Naturell zu gehören. Der dünne Chia Masala ist nur mit Pfeffer gewürzt.

Noch liegt ein gutes Stück Weg vor uns. Die Unterhaltung

mit Dawa lässt mich die vielen Treppen leichter nehmen. Ich möchte noch etwas über seinen Englischkurs erfahren. Die Kursteilnehmer lernen nach einem Buch, machen Konversation, manchmal bekommen sie ein Thema, müssen einen Text schreiben oder darüber diskutieren. So wie er jetzt mit mir redet, das macht er gern, sich erklären, nach den richtigen Worten suchen. Der Kurs besteht aus drei Teilen. Nach dem ersten Teil muss er eine Prüfung ablegen. Diese steht ihm noch bevor. Ich möchte, dass er mir etwas über Nepals Regierung erzählt, und da realisiere ich und informiere mich später noch genauer darüber, dass Politik ein heikles Thema ist und jeder sich hütet, ein Urteil abzugeben oder Partei zu ergreifen. Politik interessiere ihn nicht so sehr, sagt er mir unsicher. Meine Vorstellung, dass ein Guide auch über sein Land und die Regierung Bescheid wissen sollte, und dass es zu einer Ausbildung gehören müsste, damit kann er nichts anfangen. Später erklärt mir Lakpa, dass dies nur für Kultur-Reiseleiter gelte. Für Trekkings sei das nicht nötig. Es fällt mir schwer zu verstehen, dass ein erwachsener Mann nicht sagen kann, wie die Regierung in seinem Land funktioniert und wer Ministerpräsident ist. Die Schüler, so haben wir auf dem Weg nach Chhomrong erfahren, müssen am Morgen, wenn sie im Pausenhof in Reihen stehen, Fragen des Lehrers beantworten. Unter anderem müssen sie den Namen des Premierministers kennen.

Ich informiere mich später in Wikipedia noch einmal über die Geschichte und die politische Entwicklung Nepals (ich hatte es ja auch vergessen), und da verstehe ich schon besser, dass es nicht einfach ist, den Überblick zu behalten, oder dass man vielleicht gar keine Lust hat, alles zu wissen.

Nach anderthalb Stunden sind wir oben angelangt, ein schöner Aussichtspunkt mit verschiedenen Restaurants und einem nicht fertig gebauten Hotel. Die gelben Taschen sind bereits auf einer Mauer abgestellt, und die Träger sitzen am Tisch. Wir sind nicht die einzigen Gäste. Eine grosse Gruppe junger Leute, japanischer Herkunft vermute ich, trifft ebenfalls ein und isst hier zu Mittag. Wir bestellen wie immer verschiedene Gerichte,

Nudelsuppe, Spaghetti, Dal Bhat, Reis und Curry. Zum Dessert gibt es zwei frittierte Apfelkuchen, runde Teigtaschen mit einer Füllung aus Äpfeln und Schokolade, die wir uns teilen. Sie schmecken herrlich, liegen aber schwer im Magen.

Ein paar Einzel-Trekker und Paare fallen mir auf. Davon gab es bisher nur wenige. Wie ich auf einem Plakat sehe, führt hier der ‹Mardi Himal Base Camp Trek› durch. Ich weiss nicht genau, wo wir uns befinden. Bhichok Deurali wäre der höchste Punkt an dieser Strecke. Wahrscheinlich befinden wir uns auf diesem Bergsattel.

Der Weg Richtung ‹Australien Camp› führt uns durch eine waldige, parkähnliche Landschaft. Gepflegte Wege mit Rastplätzen und Abfalleimern. Auf einer Bildertafel lese ich: ‹Lord Buddha & Rododendron Natural Park›. Wir sind zurück in der Zivilisation.

Das erste, was ich bei unserer Ankunft im Australien Camp sehe, sind die Träger, die sich auf der Schaukel im Garten vergnügen. Ansteckend! Martina ist sofort dabei, was den jungen Männern gefällt. Sie haben bereits ihre gelb-orangen Jacken ausgewaschen und an den Leinen im Garten zum Trocknen aufgehängt. Das Lodge-Areal ist eine schöne Anlage mit vielen Blumen und einer herrlichen Aussicht in die majestätische Gebirgslandschaft, deren Anblick uns viele Tage begleitet hat und uns immer wieder begeistert.

Nun geht es definitiv heimwärts. Heute Abend werden wir gemeinsam Dal Bhat essen und zum Abschied eine Tombola für die Mannschaft veranstalten.

Mein Zimmer ist nett eingerichtet, die Bettwäsche weiss, was frisch wirkt, obwohl ich den Schlafsack ausrollen werde. Das angegliederte Bad scheint sauber zu sein. Ich wasche ein T-Shirt aus – für alle Fälle. Dass man das am besten unter der Dusche macht, habe ich von den andern gelernt. Noch einmal hänge ich mein muffiges Handtuch an die Leine vor dem Zimmer und hoffe, dass es am nächsten Morgen trocken ist. Kernseife ist praktisch und ökologisch sinnvoll, weil sie biologisch abbaubar ist und man sie für alles verwenden kann. Leider riechen die gewaschenen Teile mit der Zeit etwas talgig, das Handtuch sogar ranzig. Der fahle Seifengeruch widersteht mir seit ein paar Tagen. Wenn immer möglich, wasche ich meine Hände mit den einheimischen roten, grünen oder gelben Stücken, die bei öffentlichen Wasserhähnen zu finden sind, und geniesse den blumigen Duft.

Wir bringen unsere Sachen für die Tombola in Martinas Zimmer. Sie wird mit Vera und Evelyne zehn möglichst gleichwertige Pakete zusammenzustellen. Schnell sammeln sich viele verschiedene brauchbare Dinge an: Goretex-Jacke, Trekkingsandalen, Schokolade, Spielkarten, T-Shirts, Farbstifte, Stirnband, Thermosflaschen, faltbare Wasserflaschen, Wanderhosen, Fleece-Pullover, Taschenmesser und andere nützliche Dinge. Martina hat uns beim Vorbereitungstreffen darüber informiert, dass sich die Mannschaft über gebrauchte Sachen und kleine Geschenke freue. Auf diese Weise fiel es mir leicht, ein paar in die Jahre gekommene Lieblingstücke wie Hochtourenhosen und Fleece-Jacken einzupacken.

Im Essraum gibt es einen Ofen – das bekannte Ölfass-Modell –, der zwar keine Wärme speichert, doch solange darin ein Feuer brennt, ist alles in bester Ordnung. Es gibt WiFi zu kaufen und Toilettenpapier, das mir ausgegangen ist, weil meine Nase noch immer läuft. Die Temperatur ist etwas milder, wir befinden uns auf einer Höhe von 1700 m ü. M.

Für unsere Gruppe werden Tische zusammengeschoben. Ein paar Gäste müssen ihre Plätze in Ofennähe freigeben, was ihnen nicht sehr behagt. Der grosse, dünne, eher düstere Chef des Hauses setzt sich durch.

Zum Trinken gibt es heisses Wasser, Tee, Bier und Rum. Das alkoholische Nationalgetränk wäre Rakshi, doch die Mannschaft zieht Rum vor. Siebzehn grosse Blechteller mit Dal Bhat werden serviert. In der Mitte des Tellers liegt eine Halbkugel Reis, darum herum sind eine Schale mit Linsensuppe, ein gefaltetes Papadam, ein Häufchen Pickels aus Rettich, dann ein Häufchen grünes Gemüse, Spinat oder Mangold und eine kleine Schale mit einer scharfen roten Sauce angeordnet. Uns allen wird grosszügig nachgeschöpft.

Nach dem Essen beginnt die Tombola. Evelyne und Vera lassen Jasskarten ziehen. Wer am meisten Punkte hat, darf zuerst auswählen. Nach der ersten Runde haben drei die gleiche Punktzahl und müssen noch einmal ziehen. Das steigert die Spannung. Dil gewinnt und darf als erster eines der zusammengestellten Geschenkbündel auswählen. Er entscheidet sich schnell. Dann kommt der zweite dran, der dritte ... Wir klatschen und lachen, eine fröhliche Stimmung. Debendra, der für mein Gepäck zuständig war, kommt als letzter dran.

Martina hat Couverts mit den Trinkgeldern vorbereitet, die nun alle ihren Trägern überreichen dürfen. Trinkgelder sind Bestandteil des Lohnes und können in der Höhe variiert werden. Da unsere Mannschaft nichts hätte besser machen können, erhalten alle das Maximum der Empfehlung unseres Organisators. Zuerst sind die Guides an der Reihe. Das macht Martina selber. Hierarchie ist wichtig. Danach ruft sie uns, eine nach der andern, auf. Wir übergeben unseren Trägern den Umschlag und bedanken uns für seine Hilfe. Ich bin als erste dran. Debendra reicht mir seine Hände. Das ist eine emotionale Angelegenheit. Die Forscheren umarmen sich. Irgendwie berührt uns der Abschied, waren wir doch zwei Wochen lang so etwas wie Paare. Jeden Morgen wurden die Taschen in Empfang genommen, etwas zurechtgeklopft und flachgedrückt, das Gepäckstück des Trägers daraufgelegt, wieder etwas zurechtgeklopft, das Ganze in eine Hülle geschoben und zum Schluss mit dem Tragseil umwickelt. Am Abend standen die Taschen dann wieder vor unseren Zimmertüren.

Jetzt überrascht uns die Mannschaft mit Musik. Dawa betätigt sich als DJ. Die Männer beginnen zu tanzen, Vera wird aufgefordert, dann Barbara, und plötzlich sind alle Stühle leer. So unverhofft und ausgelassen habe ich schon lange nicht mehr gefeiert. Leute stehen vor den Fenstern und schauen uns zu. Es muss ein ungewöhnliches Bild sein. Prakash tanzt hingebungsvoll und ausgelassen wie die indischen Stars in

Bollywoodfilmen. Er zieht uns alle in seinen Bann. Wir stehen um ihn herum und klatschen. Es ist der erste und zugleich der letzte Abend unseres Trekkings, an dem wir keine Jacken und Mützen, auch keine Handschuhe und Halstücher brauchen. Eine kleine Filmsequenz dient mir als Andenken für die einmalige Stimmung.

Höhenmeter: ↘ *201* ↗ *615*

Mittagspause mit Sicht auf Annapurna South und Hiunchuli
Gelegenheit zum Händewaschen

Australien Camp – Kande – Pokhara

Ein herrlicher Sonnenaufgang, den ich vom Dach der Lodge aus betrachte. Das ganze Panorama mit Annapurna, Hiunchuli, Machhapuchhre zeigt sich in der Morgenröte. Östlich davon lösen sich weitere Bergketten aus dem Dunst. Ein Hahn kräht.

Wir frühstücken draussen. Es ist relativ mild. Neben unserem Tisch breitet ein Mann in aller Ruhe seine Schätze auf einem Tuch am Boden aus. Halsketten, Armbänder, Klangschalen, mit Steinen verzierte Metalldöschen, gewobene und geknüpfte Gürtel. Ruth, mit ihrem geübten Auge für aussergewöhnliche Halsketten, pickt eine heraus, grüne längliche Steine, in der Mitte ein Messingkügelchen mit roten Intarsien verziert. Ruth ist mit der Farbe nicht ganz zufrieden und legt den Schmuck wieder zurück. Das ist genau mein Stück! Schnell entschlossen probiere ich die Halskette an, sie passt perfekt. Der Preis ist so tief, dass ich nicht imstande bin zu handeln. Ich weiss nicht, was die Mannschaft, die mich interessiert beobachtet, von diesem Kauf hält.

Zu unserer Freude erklärt sich Dawa bereit, seine akrobatischen Kunststücke noch einmal vorzuführen. Das Rad und drei Überschläge vor dieser fantastischen Kulisse. Wir sind begeistert.

Ein letztes Mal übernehmen die Träger unsere Taschen. Locker wandern wir talwärts. Nach einer Stunde sind wir in Kande, wo zwei Busse auf uns warten. Sofort belagert mich eine tibetische Schmuckverkäuferin, die mich mit einem geschickt geführten Gespräch vereinnahmen will. «Die Schweiz ist gut», sagt sie, «die Schweizer sind gute Menschen, 1959 hat das Rote Kreuz den geflüchteten Tibetern viel geholfen.» Ich verstehe, dass die Händlerin für die Komplimente, die sie mir als Schweizerin macht, etwas verkaufen will. Aber so funktioniert das leider nicht mit mir. Ich fühle mich unangenehm bedrängt und merke, dass ich mich abgrenzen muss. Wir sind zurück in der Zivilisation.

Höhenmeter auf dem Rückweg total: ↘ *4189* ↗ *1688*

Die Fahrt nach Pokhara dauert eine halbe Stunde. Im Hof des Hotels werden unsere Taschen ausgeladen, ein letztes Winken und die Träger sind verschwunden. Sie fahren mit dem öffentlichen Bus nach Kathmandu zurück. Nun verabschieden sich auch Dawa und Sano von uns. Lakpa wird uns bis am Schluss begleiten.

Der strahlende Besitzer des ‹Mum's Garden Resort› empfängt uns wie alte Bekannte. Seltsam, wie luxuriös mir der Ort jetzt vorkommt, wie komfortabel die Betten, das Badezimmer mit der Wanne und dem Duschvorhang, auch wenn er ein bisschen grau ist unten am Rand, wen kümmert's, solange heisses Wasser in einem angenehmen Strahl aus der Brause kommt.

Diesmal bin ich im ersten Stock einquartiert. Ausser den zwei grossen Betten gibt es hier noch zwei bequeme Sessel mit Salontisch, eine Flasche Wasser und zwei Gläser, einen schmalen Schreibtisch mit Stuhl, Vorhänge zum Ziehen, Mückengitter an den Fenstern, an der Wand eine Garderobe mit Kleiderbügeln, eine Kofferablage und bei der Badezimmertür ein Paar Flipflops. Ich werde meinen Schlafsack nicht mehr auspacken für die restlichen Tage dieser Reise.

Der blaue Himmel bleibt uns treu, keine einzige Wolke zeigt sich. Pokhara liegt auf 820 m ü. M. und ist somit angenehm mild. Von meinem Zimmerfenster aus sehe ich das Hauptgebäude. Das Dach über dem vorderen Teil des Restaurants ist flach. Dort beobachte ich ein paar Männer, in traditionelle Dhotis gekleidet, wie sie weisses Material aus grossen Säcken rupfen. Sie verteilen es auf dem Boden und zerklopfen es mit langen Stecken. Ich schaue eine Weile zu und verstehe plötzlich, was da vor sich geht. Sie schlagen zusammengepresste rohe Baumwolle zu luftigen Flocken. Das Material wird in grosse Stoffhüllen gefüllt. Der Älteste vernäht die Hüllen mit Nadel und Faden und steppt sie zu Decken. Das Schlagen ist eine anstrengende Arbeit. Der Jüngste, den ich auf 15 Jahre schätze, darf öfter Pause machen. Dann gibt es Tee. Die Männer wirken trotz der anstrengenden Arbeit heiter und zufrieden. Der Älteste, der sicher der Chef ist, strahlt Würde aus. Ich gehe hinüber zu meinem Bett und schaue die Decke an, die darauf liegt. Sie ist nicht leicht, wie mit Daunen oder Kunstfaser gefüllt. Es ist ein solches Modell, wie es dort auf dem Dach gerade entsteht. Die Männer sind Deckenmacher und bieten ihre Arbeit vor Ort an. Der Hotel-Besitzer, der heute sein Kind herumträgt, bestätigt mir, dass ich richtig beobachtet habe, und er neue Decken für den Winter anfertigen lässt.

Der nächste Fixpunkt ist das ‹am/pm organic cafe›, wo wir uns zum Mittagessen treffen. Danach fahren wir im Bus zum Bergsteigermuseum, das etwas ausserhalb liegt, ein beliebtes Ziel für Schulklassen und Touristengruppen wie wir. Die Jugendlichen sind hauptsächlich mit Selfies beschäftigt, am liebsten fotografieren sie sich mit den Ausstellungsvitrinen als Hintergrund. Auch wir sind beliebte Sujets. Die umgekehrten Rollen zeigen, wie man sich dabei fühlt.

Die Ausstellungswand mit Bildpaaren, einer Gegenüberstellung von Fotografien, fasziniert mich besonders. Das eine Bild stammt aus dem heutigen Nepal, das andere aus einem Alpenland in den 1950er-Jahren (wahrscheinlich Österreich oder Schweiz). Die Bildpaare zeigen jeweils vergleichbare Szenen von Menschen, die ihre tägliche Arbeit verrichten, zum Beispiel Heu vom Berg heruntertragen, ein Maultier oder einen Esel führen, eine Last tragen, Butter herstellen, ein Huhn rupfen, dreschen oder über dem offenen Feuer kochen. Es bestätigt mir, dass Entwicklung Zeit braucht, dass diese Hoffnung keine Utopie ist. Meine Mutter und ihre sieben Geschwister sind in einem Bauernhaus ohne Badezimmer aufgewachsen, der einzige warme Ort war die Küche, die Betten teilte man sich. Man braucht bloss die Geschichten über Verdingkinder zu lesen, um zu wissen, dass ein Leben unter solch harten Bedingungen, wie sie hier und in vielen anderen Ländern noch existieren, bei uns noch gar nicht so lange zurückliegt. Daran habe ich auf dieser Reise oft denken müssen.

Die Speisekarte im Hotel ist reichhaltig, es gibt neben Dal Bhat auch japanische, chinesische und indische Gerichte. Ich entscheide mich für Paratha mit Gemüse-Curry, eine eher ungewöhnliche Kombination, was ich aus der Reaktion des Kellners ableite. Ich kenne Paratha aus Indien, dort schmecken sie etwas würziger als hier. Gestampfte Kartoffeln werden mit etwas Mehl vermischt, ein paar gequetschte Knoblauchzehen und frisch gehackte Chili dazu geknetet. Dieser Teig wird zu Rondellen ausgewalzt und in Fett oder Butter gebraten.

Obwohl wir drinnen essen, ist eine Jacke angesagt und für mich lange Unterhosen, die ich wegen der Mücken in die Socken stopfe. Unter dem Tisch brennt zwar eine Spirale, aber sicher ist sicher. Sebastian spendiert uns das versprochene Everest Bier als Revanche für sein Einzelzimmer-Privileg. Das Bier ist prickelnd kalt und schmeckt hervorragend.

Dass wir früh schlafen gehen, hat Tradition. Bevor ich unter die Bettdecke schlüpfe, mache ich ein paar Notizen in mein Heft und lese im E-Book von Martin Zinggl ‹Im Land der stillen Helden› noch eine Geschichte über Nepal.

Frühstück mit Panorama im ‹Australien Camp›
Der Schmuckverkäufer präsentiert seine Waren

Zurück in Pokhara

Um 4.40 Uhr piepst mein Wecker. Aufstehen, anziehen, Zähneputzen, mein Rucksack ist gepackt, Mütze, Handschuhe nehme ich mit, die Thermos mit heissem Wasser. Der Minibus wartet. Wir fahren zum Sonnenaufgang auf den Sarangkot, den Hausberg von Pokhara.

Die Strasse windet sich schmal und staubig bergwärts. Ganze Gruppen sind zu Fuss unterwegs. Ich wundere mich, dass wir nicht beschimpft werden, da unser Bus die Leute an den Strassenrand drängt und viel, viel Staub aufwirbelt. Die Fahrt dauert eine Stunde. Das letzte Stück gehen auch wir zu Fuss. Und wie nicht anders zu erwarten, ist etwas los auf dem Berg.

Auch hier gibt es eine Aussichtskanzel, die bereits überfüllt ist. Lakpa weiss, wo wir uns positionieren müssen, um den besten Blick zu haben. Immer mehr Leute drängen zu uns hinüber und es braucht Stehvermögen, um sich nicht beiseite schieben zu lassen. Ein Kind klammert sich an mein Hosenbein, hoffentlich beginnt es nicht zu weinen, wenn es merkt, dass ich nicht seine Mutter bin. Jahrmarktstimmung. Man sieht die Lichter im Tal unten. Es wird bereits etwas heller. Dann geht ein Geschrei los, die meisten gucken in die falsche Richtung. Auch wir. Die Sonne erscheint rechts und viel weiter unten als erwartet. Ein winziger roter Punkt im Dunst. Es wird wie wild fotografiert.

Dann treten die Berge langsam aus der Dämmerung heraus, die bekannten Silhouetten, der unverkennbare Machhapuchhre, der heilige Berg. Unglaublich schön. Die Stimmung ist fröhlich, ja zufrieden. Die Menschenmasse beginnt, sich talwärts zu verschieben.

Zurück im Hotel gibt es Frühstück, wir essen draussen auf der Terrasse an der Sonne. Um halb zehn brechen wir wieder auf, gehen zuerst ein Stück der Hauptstrasse entlang und dann hinunter zum See. Auf dem Wasser treiben unzählige Boote. Es gibt schmale Ruderboote für vier Personen oder eine Konstruktion aus zwei parallelen Booten, die mit einem Bretterboden verbunden sind, auf zwei Bänken finden bis zu zwölf Personen Platz, darüber ist ein Dach gespannt.

Lakpa kauft Tickets für zwei Ruderboote und bringt uns Schwimmwesten mit. Wir teilen uns auf. Ich bin mit Lakpa, Sebastian und Vera im Boot. Der Mann, der uns rudert, weist uns die Plätze zu und schaut, dass die Gewichtsverteilung stimmt. Martina, Ruth, Evelyne und Barbara sitzen im zweiten Boot und werden von einer Frau gerudert. Martina hilft ihr dabei. Mir fällt das ‹3-Sister-Projekt› ein. Auch hier haben sich die Frauen einen Platz erobert, was nicht selbstverständlich ist, in dieser streng geregelten, patriarchalischen Gesellschaft. Unser Boot macht bei einer kleinen Insel Zwischenhalt, damit wir den hinduistischen Tempel besichtigen können. Das Frauenboot fährt direkt ans andere Ufer, wo wir später zum Shanti Stupa hochsteigen werden.

Bevor wir uns auf den Weg machen, bestellen wir am Getränkestand beim Ankunftssteg Chia Masala. Er wird in einer kleinen Pfanne auf dem Rechaud gekocht. Es dauert ungewöhnlich lange, bis er fertig ist. Das Verhältnis stimmt nicht ganz. Vom Tee merken wir fast gar nichts, aber die Milch ist frisch, was die dicke Haut beweist.

Vielleicht zum letzten Mal nehmen wir die nepalesischen Treppen unter die Füsse und steigen auf den Hügel mit dem weissen Shanti Stupa, den man von der Stadt aus sehen kann. Nach einer Stunde sind wir oben. Wir ziehen die Schuhe aus. Eine Treppe führt zum Stupa hinauf, der ein Sinnbild für den Weltfrieden ist. Initiiert wurde der Bau von einem japanischen Mönch. Die vier Buddha-Statuen, eine nepalesische, sri-lankische, thailändische und japanische, zeigen vier verschiedene Stufen in Buddhas Leben. Wir umrunden den Stupa im Uhrzeigersinn und bestaunen gleichzeitig das prächtige 360°-Panorama, das uns einen schönen Blick in die Berge und auf das Häusermeer von Pokhara bietet.

Auf der andern Hügelseite führt ein schmaler Weg nach unten. Unser Minibus hat Verspätung. So setzen wir uns auf die Stühle beim Kiosk und bestellen Getränke. Ich bin begeistert von meiner Cola. Diese typischen, formschönen 2,5dl-Glasflaschen gab es bei uns früher auch.

Der Minibus führt uns zum Tibetan-Mini-Market, einer Art Hinterhofgasse mit kleinen Verkaufsläden, wo wir in einem tibetischen Restaurant ‹best Mo:Mo in Town› essen. Sie werden frisch zubereitet. Wir probieren sie gedämpft, mit verschiedenen Füllungen, in Suppe und frittiert. Danach sind wir alle mehr als satt.

Von einem feinen Espresso im ‹Himalayan Java› gestärkt, bummle ich noch einmal die Lakeside Road entlang und kehre mit getrockneten Bio-Aprikosen, zwei naturfarbenen Kaschmirschals und einer Tube Zahnpasta ins Hotel zurück.

Die Schals habe ich in einem ‹Women Handicraft Shop› gekauft, einem Selbsthilfeprojekt, das die handwerklichen Fähigkeiten von Frauen fördert.

Heute Abend bestelle ich eine Runde Rakshi, damit wir dieses Getränk endlich einmal probieren können. Der Chef sagt, dass man Rakshi vor dem Essen trinke. Wir bekommen Gläser, die ⅓ gefüllt sind. Die Flüssigkeit ist eine winzige Spur milchig und erinnert mich entfernt an Reiswein. Wir empfinden das Getränk nicht als stark, auf jeden Fall ist es nicht hochprozentig. Ob es mit Wasser verdünnt ist? Der Chef sagt nein. Es schmeckt eine Nuance vergoren, so kommt es mir jedenfalls vor. Der Chef schenkt uns den kleinen Rest, der in der Petflasche noch übrig ist, und stellt sie auf den Tisch. Das muss ein Selbstgebrauter sein.

Wie ich später erfahre, gibt es Rakshi aus Hirse oder Reis. Derjenige aus Hirse ist schwach und nicht ganz klar. Derjenige aus Reis ist ein starker Schnaps von guter Qualität, der mir geschmeckt hat.

Lakpa isst heute Abend zum zweiten Mal japanisch, es scheint ihm zu schmecken. Einige bestellen Paratha, das ich gestern gegessen habe, für mich gibt es ein indisches Curry.

Als ich im Zimmer bin, schaue ich im Internet nach, was man in Pokhara noch alles unternehmen könnte und lese, dass vom Sarangkot aus Gleitschirmflüge im Tandem angeboten werden. Das erklärt mir die vielen Schirme am Himmel, die man von der Stadt aus sehen kann. Der Gedanke, diese Gelegenheit zu nützen, elektrisiert mich richtig. Sollte ich morgen Vormittag dieses Abenteuer wagen?

An unserem zweiten Tag in Pokhara können oder könnten wir ausschlafen. Da ich kein Manko habe, erwache ich um 6.40 Uhr, auch ohne dass der Wecker piepst. Beim Frühstück treffe ich auf Vera, Evelyne und Barbara. Sie haben sich gestern bei ‹Helping Hands› für eine Massage angemeldet. Bei dieser Organisation bieten blinde und taube Menschen verschiedene Behandlungen an.

Ich frage Lakpa, ob es beim Gleitschirmfliegen oft Unfälle gebe. Nein, natürlich nicht. Er sagt, er kenne einen seriösen Anbieter. Noch bin ich unentschlossen. Der Gedanke an Unfälle, den ich sonst selten habe, verunsichert mich. Ich überlege hin und her. Und plötzlich weiss ich, dass es nicht sein muss, dass das Trekking genug Abenteuer war und ich eigentlich sehr zufrieden bin mit den vielen schönen und beglückenden Erlebnissen.

Ich marschiere noch einmal bis ans Ende der Einkaufsstrasse, das sind etwa drei Kilometer, und kaufe dort im ‹Organic Shop› nepalesischen Pfeffer, dessen fruchtiger Duft mich fasziniert, und ein Glas unbehandelten Honig, der noch Wachsteile enthält. Auf dem Rückweg schaue ich nochmals in einen ‹Women's› hinein, weil mir plötzlich mehrere Personen einfallen, denen ich Schals mitbringen könnte. In diesem Geschäft bedient ein Verkäufer. Die Preise sind die gleichen. Ich frage mich, ob die Frauenförderung bloss als Marketinginstrument dient. Der Mann scheint meine Gedanken zu erraten und überreicht mir einen Prospekt der Organisation. Eine Werkstätte, in der die angebotenen Produkte hergestellt werden, befindet sich ganz in der Nähe.

Am Mittag treffen wir uns im ‹am/pm organic cafe›. Die Frauen kehren mit geölten Haaren aus der Massage zurück. Es hat ihnen gefallen, sie sind zufrieden und können ‹Helping Hands› weiterempfehlen. Heute trinke ich ein Smoothie aus Apfel und Randen und esse eine Kartoffelsuppe. Zum Dessert wird Schokoladenkuchen bestellt.

Ich hatte mir für den letzten Tag in Pokhara noch etwas Kulturelles gewünscht. Martina schlägt vor, einen Tempel zu besuchen. Evelyne und Vera schliessen sich an. So sind wir wie gewohnt als kleine Gruppe unterwegs. Um halb zwei gehen wir in Begleitung von Martina zum ‹Tibetan Mini Market›. Dort treffen wir Sonam, ihre tibetische Freundin, die einen Laden betreibt.

Sonam hat zwei Taxis organisiert, die nun auf uns warten. Die kleinen Autos schlängeln und drängeln sich geschickt durch den Verkehr. Wir fahren zum Tibetan Refuge Camp, wo Sonam mit ihrer Schwester und ihren Eltern wohnt. Es soll 1959 mit Hilfe des Roten Kreuzes entstanden sein, welches Land gekauft und zur Verfügung gestellt hat. So jedenfalls habe ich es verstanden. Sonam und ihre Schwester sind im Camp geboren worden, also eine Art Secondas. Der Ort macht einen geordneten und im Vergleich mit andern Vierteln einen gepflegten Eindruck. Die Fusswege zwischen den Häuserzeilen sind schmal, die Vorplätze oftmals mit Mauern eingefasst, sodass kleine Höfe entstehen, die mit einem Gittertor verschlossen werden können. Es scheint, dass Tibeter kleine Hunde mögen und pflegen. Wir begegnen einigen davon. Überall sehe ich schmale Rabatten und Töpfe mit Zierpflanzen.

Als wir Sonams Hof betreten, gibt es eine freudige Begrüssung, die vor allem Martina gilt. Sonams Eltern bitten sie in die winzige Küche. Für uns werden im ebenfalls winzigen Hof ein Tisch und Stühle aufgestellt. Wir bekommen Ginger-Lemon-Tea, und Sonams Vater schneidet zwei Äpfel in Stücke, die er uns dazu reicht. Wir fühlen uns aufgehoben bei diesen herzlichen und liebenswürdigen Menschen.

Sonam zeigt uns das Gemeindehaus, das neben dem Altersheim steht und als Zeremoniensaal dient. Tagsüber halten sich dort die alten Leute auf, sie sitzen am Boden, oft mit ausgestreckten Beinen, bewegen Gebetsschnüre und murmeln Litaneien.

Beim Tempel befindet sich eine grosse Gebetsmühle, die wir umrunden und dabei anstossen. Wenn sich die Trommel einmal ganz gedreht hat, ertönt ein heller Klang, den man weit herum hört.

Um halb vier eilen die Mönche herbei, es sind Knaben und Männer mit kahlgeschorenen Köpfen, kleine, grosse, junge, ältere, alle tragen rote Roben. Sie signalisieren uns, dass die Puja bald beginnen wird. Wir ziehen die Schuhe aus, betreten den Tempel und dürfen auf der rechten Seite auf den Matten vor der Wand sitzen, an die wir uns anlehnen können. Mit uns eingerechnet, sind acht westliche Gäste hier.

Die etwa hundert Mönche sitzen mit verschränkten Beinen nebeneinander auf den niedrigen Bänken, die mit der Öffnung zum Buddha hin eine U-Form bilden. Vor ihnen liegt auf einer Ablage die tibetische Schrift, aus der sie rezitieren. Die Mönche mit den Instrumenten sitzen im Innern der U-förmigen Anordnung.

Das rhythmische Beten beginnt, da und dort bewegt ein leichtes Wiegen den Oberkörper. Zwischendurch werden die langen geraden Trompeten geblasen. Glocken, Zimbeln, Tamburin und grosse Gongs erklingen. Das Rezitieren schwillt an und ab. Man hört immer wieder einzelne Stimmen heraus. Die Mönche auf unserer Seite sind Schüler. Einer bläst das Muschelhorn, ein anderer betätigt eine Raffel, die sich um einen Stab dreht. Ein Mönch, ich denke, es ist ein Zeremonienmeister, nimmt Gegenstände vom Altar, trägt sie aus dem Tempel heraus und bringt andere wieder herein. Für ihn geht die Zeit sicher am schnellsten vorbei. Ein milde gestimmter ‹Master of Discipline› macht die Runde und geht bei den jungen Mönchen langsam vorbei. Ich vermute, dass er die Uhr am Handgelenk extra so trägt, dass sie die Zeit ablesen können. Mir gelingt es nicht, aber Halbzeit ist sicher vorbei. Die verschränkten Beine beginnen einzuschlafen. Unsere Haltung ist bei weitem nicht so gelassen und ruhig wie die der Mönche.

Obwohl nicht viel passiert, ist doch eine Choreografie vorhanden, die lebendig wirkt. Die an- und abschwellenden Stimmen, die instrumentalen kakophonischen Einschübe, von sehr laut bis leise, die trötigen Trompeten, die Schauder erzeugen, die grossen Gongs, deren Vibration ich zu spüren glaube, erzeugen Spannung und erleichtern die Aufmerksamkeit. Ein Element, das ich noch bei keiner früheren Feier beobachtet habe, ist ein Ablauf von schnellen fliessenden Bewegungen mit Händen und Fingern, den die Mönche in grösseren Abständen wiederholen. Ich vermute, dass es die verschiedenen Handstellungen Buddhas sind.

Der Zeremonienmeister ist noch immer unterwegs. Er trägt die sieben mit Wasser gefüllten Schalen, die auf dem Altar stehen, eine nach der andern hinaus und bringt sie leer zurück. Ich vermute, dass die Puja erst nach dem Wiederauffüllen der Schalen beendet sein wird und mache mir keine Hoffnung, dass mein Zeitgefühl mich täuscht. Eine Stunde kann lang oder kurz sein.

Die Schalen sind noch immer leer, doch die Puja ist beendet. Die Mönche stehen auf, ordnen ihre Tücher, werfen sie über die Schulter und gehen hinaus. Wir bewegen die Beine, vorsichtig, und stehen dann langsam auf. Martina sagt mir, dass die Schalen erst am nächsten Morgen wieder gefüllt werden.

Neben dem Tempel, hinter der grossen Gebetsmühle gibt es einen Raum, in dem viele Lichter brennen. Ich verspüre den Wunsch, zwei von diesen kleinen Butterlampen aus Messing für meine verstorbenen Eltern anzuzünden. Der Mönch, der den Altar betreut, versucht mir etwas zu erklären. Sonam übersetzt. Es sollte eine ungerade Anzahl sein. So entscheide ich mich für drei – lieber eines mehr, als eines weniger – und lächle, weil ich bereits etwas von der hiesigen Mentalität verinnerlicht habe. Etwas mehr kann nicht schaden, das ist wie bei den Schutzgottheiten in den Autos. Ich habe ein paar fotografiert. Manchmal tummeln sich Buddha und Ganesh auf dem gleichen Armaturenbrett.

Dann gehen wir zur Strasse zurück. Von unseren Taxis ist leider nichts zu sehen. Langsam wird es dunkel. Wir stehen am Strassenrand und reden über allerlei. Warten ist ein Zustand. Die Zeit spielt dabei keine Rolle. Ein paar Taxis halten an, aber wir wollen auf unsere zwei warten, weil wir einen Pauschalpreis ausgehandelt haben. Sonam telefoniert. Mittlerweile ist es dunkel. Abendverkehr in den Strassen. Überfüllte Busse halten an der Station gegenüber. Das Hupen ist allgegenwärtig. Eines der Taxis kommt, das andere steckt vielleicht irgendwo im Verkehr fest. Sonam winkt nun doch einen fremden Fahrer herbei.

Wir geniessen unser letztes Nachtessen in Pokhara. Für das Trinkgeld, das wir Martina überreichen wollen, haben wir ein kleines handgewebtes Etui gekauft. Ruth übernimmt die Aufgabe, ihr mit ein paar Worten für die tolle Begleitung und herzliche Betreuung zu danken.

Sonnenaufgang auf dem Sarangko
Boote auf dem ‹Lake Pewa›

Fahrt nach Kathmandu

Der Tisch für das Frühstück ist auf der Terrasse gedeckt. Wir sind heute eine halbe Stunde früher dran. Die Sonne scheint bereits, die Temperatur ist angenehm. Wir bezahlen dem Chef noch die Extras, dann fahren wir los.

Für die Fahrt nach Kathmandu ändert sich die Sitzordnung. Martina und Lakpa begeben sich nach hinten, wir dürfen die vorderen Plätze belegen. Vor uns liegt eine Strecke von 200 km. Die Strassen sind holperig, die Stossdämpfer abgenützt. Die Fahrt ist beides, kurzweilig und mühsam, der Staub allgegenwärtig. Pflanzen, Häuser und Tiere sind grau überpudert. Dazu kommen Smog oder Nebel, wahrscheinlich beides. Eine trostlose Strecke, bis wir in die Nähe eines Flusses kommen, wo die Erde fruchtbarer wird und die Strasse etwas in die Höhe führt.

Nach drei Stunden durchgeschüttelt werden, gibt es einen Toilettenhalt. Der Minibus fährt in eine Raststätte, wo sich auf der einen Seite die Verkaufsstände aneinanderreihen und auf der andern Seite ein flaches Gebäude mit vier Toiletten steht. Das Mauerwerk ist in einem hellen Gelb gestrichen, die Türen blau mit weisser Einfassung. Auf einem blauen Plastikstuhl an einem kleinen Tisch sitzt der Kassier und zählt das Rückgeld aus einem rechteckigen grünen Plastikkörbchen. Fünf Rupien kostet die Benutzung. Neben dem Kassier befindet sich etwas, das ich länger anschauen muss, bis ich verstehe, was es darstellen soll. Es ist ein aus Steinen aufgebauter Miniaturberg, weiss getüncht, hellblau marmoriert und mit der Nepal-Flagge bestückt. Ich wage nicht zu behaupten, dass es der Machhapuchhre ist, weil die Doppelspitze fehlt. Mit dem Matterhorn hat es eine gewisse Ähnlichkeit, aber diesen Berg hier zu erwarten wäre vermessen. Der Mount Everest? Dafür ist es die falsche Gegend. Sicher ist, dass hier jemand mit viel Liebe und zur Verschönerung der Anlage einen Berg gebaut und ihn angemalt hat, vielleicht als Symbol für die unzähligen weissen Berge Nepals. Mir gefällt das!

Warum wir uns für einen der mittleren Verkaufsstände entscheiden, weiss ich nicht, alle sehen gleich aus und verkaufen das gleiche. An den Dachbalken hängen verschiedene Sorten Chips. Auf den Theken reihen sich Getränkeflaschen aneinander, davor, darauf oder dahinter stehen Beistelltische mit Rechauds zum Kochen. Für uns wird Milch und Tee erhitzt und beides halb, halb in kleine Blechbecher gegossen.

Erfrischt und gestärkt fahren wir weiter. Ich darf vorne sitzen. Dem kleinen Ganesh auf dem Armaturenbrett stecken zwei gerollte Geldnoten zwischen Ohren und Armen, daneben schaukelt an einer Stange die Nepal-Flagge. Es ist komfortabel hier vorne, die Sicht offener als von den hinteren Plätzen. Riesige Tankwagen fahren vor uns und folgen den vielen Windungen der Strasse über den Pass. Die Hänge sind terrassiert und bepflanzt bis hinunter zum Fluss. Einmal sehen wir Kanus mit Leuten drin. Überall gibt es Transportseile über den Fluss. Ab und zu steht ein Mann am Strassenrand und bietet frische Fische zum Verkauf an, die er unten im Fluss gefangen hat. Jeder muss schauen, wie er überleben kann, das denke ich immer wieder. Von der Regierung halten die Leute nicht viel. Ich habe jedenfalls keine einzige positive Reaktion gehört.

Eine Auffahrt führt uns ins Hill Top, ein Touristenrestaurant. Die Menüs auf der Karte sind uns zu üppig, so fragen wir nach Nudelsuppe, und zum ersten Mal auf dieser Reise essen wir alle das gleiche – und zum ersten Mal wird unser Essen nicht frisch zubereitet. Wir bekommen Instant-Suppe, die jedoch passabel schmeckt, ein wenig fad vielleicht.

Gegen 15 Uhr treffen wir in Kathmandu ein. Unser Fahrer kennt Schleichwege, die sehr schmal und staubig sind. Wir fahren im Schritttempo. Die Lebensbedingungen in diesem

Viertel erschrecken mich; eng, schmutzig und laut. Entweder Auto oder Mensch, beides hat nicht Platz nebeneinander.

Das Hotel Shangri-La befindet sich in Thamel. Es wirkt feudal in dieser Umgebung. Wir lassen uns in die weichen Fauteuils sinken und warten auf die Schlüssel.

Am Abend treffen wir uns in der Lobby. Kami, der lokale Organisator und Inhaber von ‹Matterhorn Treks & Expeditions›, lädt uns zum Essen ein. Wir werden in ein Restaurant gefahren, das traditionelle Speisen und Folklore anbietet. Ich trage meine weisse Allzweckbluse und einen neuen Kaschmirschal um die Schultern. So komme ich mir recht herausgeputzt vor. Das Lokal befindet sich in einem historischen Gebäude. Zum Empfang wird uns ein roter Punkt auf die Stirn gemalt. Wir setzen uns auf Stühle am Boden, glücklicherweise mit Rückenlehnen, und verschränken die Beine oder strecken sie unter dem niederen Tisch aus.

Zuerst wird uns Rakshi eingeschenkt, was einer akrobatischen Aufführung gleichkommt. Eine nepalesisch gekleidete, grosse, schlanke Frau giesst die klare Flüssigkeit aus einer Messingkanne von hoch oben in einem dünnen Strahl in einen der kleinen Metallbecher auf unserem Tisch und hört genau dann auf – und das ist das Kunststück – wenn der kleine Becher auf den Millimeter randvoll ist. Unglaublich! Das wiederholt sie noch unzählige Male an diesem Abend, ganz locker, ohne Anstrengung, mit der immer gleichen Eleganz und Präzision. Dass alle, die uns bedienen, so gross scheinen, liegt sicher an der Froschperspektive, die durch unsere Sitzposition bedingt ist. Männer in Trachten schöpfen uns Reis in die Teller, immer neue Beilagen füllen die verschiedenen Schalen, bis wir satt sind. Zwischendurch wird musiziert, gesungen und getanzt, diesmal sind wir die Zuschauer. Ein schöner Abschluss.

Müde und zufrieden sinke ich ins Bett. Es ist viel zu warm im Zimmer, das Thermometer zeigt 24° C. Das Fenster zur Strasse hin lässt sich nicht öffnen. Wie angenehm wäre jetzt ein kühles Lüftchen!

Raststätte mit Toilettenanlage
Zubereitung von Chia Masala

Von Kathmandu nach Zürich

Das letzte gemeinsame Frühstück und schon schmieden wir Pläne für einen Fototreff und eine mehrtägige Wanderung zu Hause. Vielleicht den ‹Sentiero Calanca›. Wir könnten uns vorher bei Ruth treffen und von dort aus starten. Als Ausweichmöglichkeit bei schlechtem Wetter wäre vielleicht das Wallis gut oder Liechtenstein, wo sich Sebastian auskennt. Beim Fototreff würde Barbara Momo für uns kochen ...

Ich packe meine Tasche zum letzten Mal und wickle den Stein, den ich beim Aufstieg ins Annapurna Base Camp auf dem Weg gesehen, ihn aber erst auf dem Rückweg aufgelesen und mitgenommen habe, in ein schmutziges T-Shirt. Er hat die Form einer Pyramide, eine raue, fast sandige Oberfläche und eine rötliche Farbe wie Ton. Hoffentlich ist das nicht verboten. Schon sehe ich mich am Zoll in Delhi, wie sich ein Zöllner mit meiner schmutzigen Wäsche beschäftigt. Es gab doch diesen Fall in der Türkei! Ich nehme das Risiko auf mich. Der Stein bleibt in meiner Tasche.

Um halb Zwölf warten Vera, Barbara, Evelyne und Ruth in der Lobby, um Sebastian, Martina und mich zu verabschieden. Sebastian und Martina fliegen über Abu Dhabi und ich über Delhi, alle mit mehrstündigen Transitaufenthalten. Die andern, die frühzeitig gebucht haben, nehmen einen späteren Flug mit kurzer Transitzeit. In Zürich werden wir um eine Viertelstunde versetzt landen.

Da ich mit ‹Air IndiGo› fliege, kann ich mein Gepäck nicht durchchecken. Der Weiterflug mit Swiss geht erst um zwei Uhr morgens. Das gibt mir Gelegenheit, in die Stadt zu fahren, wo für mich ein Hotelzimmer gebucht ist.

Nach dem Einchecken in Kathmandu bleibt viel Zeit zu vertreiben. Ich warte noch eine Stunde im Bereich vor der Sicherheitskontrolle, wo es ein Restaurant, Sessel, Stühle und Tische gibt – ein guter Tipp von Martina –, esse ein paar Nüsse und trinke eine kleine Flasche Cola.

Für den Sicherheitscheck stelle ich mich prompt in die falsche Schlange. Ich habe die kürzere gewählt und nicht gemerkt, dass getrennt nach Geschlechtern angestanden wird. Netterweise macht mich ein Mann darauf aufmerksam. Beobachtet habe ich, dass es für Officials, Diplomaten und Mönche eine separate Kontrolle gibt.

Der Abflugbereich ist überfüllt mit Menschen. Es gibt fünf Gates, aber welcher Flug geht von wo? Ich finde einen freien Platz mit Sicht auf Gate 2 und 3 und weiss, dass ich nicht mehr aufstehen darf, weil ich ihn sonst verlieren werde. Die Anzeigetafel ist wegen der Distanz kaum lesbar und die Lautsprecher-Durchsagen sind aus verschiedenen Gründen unverständlich. Immer wenn ich merke, dass Englisch geredet wird, ist die Durchsage auch schon vorbei. Mit der Zeit begreife ich, wie es funktioniert. Die Gates werden fortlaufend vergeben. Mein Flug wird Verspätung haben. Die Maschine von Air IndiGo kann wegen zu viel Flugverkehr nicht landen. Mein Sitznachbar, der ein kleines Kind bei sich hat, fliegt ebenfalls nach Delhi. Er hält mich auf dem Laufenden.

Kaum sitze ich an meinem Fensterplatz 25F, nehmen zwei indische Frauen neben mir Platz und fragen, ob ich nicht mit ihrer Mutter tauschen könnte, sie sitze vorne auf 1A, ebenfalls ein Fensterplatz. Eigentlich möchte ich nicht, aber es fehlt mir die Schlagfertigkeit, mich diesen zielstrebigen Frauen zu widersetzen. Mein Gepäck über den Kopf gestemmt, folge ich der Frau, kämpfe mich gegen den Strom der einsteigenden Passagiere ganz nach vorn zum alten verängstigten Mütterchen. Nun sitze ich in der Business Class, was bedeutet, dass ich einen freien Sitz neben mir habe, relativ komfortabel. Aber leider sitze ich jetzt auf der falschen Seite. Daran bin ich wahrlich selber schuld! Mit einer halben Stunde Verspätung starten wir. Die

Sicht wäre wunderschön. Wir fliegen näher bei den Bergen oder vielleicht auch tiefer als auf dem Hinflug. Aber eben ...

Ich schaue die Borddokumentation an. Man kann Getränke und Essen kaufen. Das passt. Meine letzten 500 Rupien reichen für ein Sandwich und ein Getränk – habe ich gedacht. Air IndiGo nimmt keine nepalesischen Rupien. Natürlich habe ich auch indische Währung dabei und reiche der Frau einen 500er-Schein. Ungültig. Mit meinen zwei letzten Hundertern kann ich das Sandwich bezahlen. Ein Glas Wasser gibt sie mir gratis dazu.

Der Anflug über Delhi fasziniert und beelendet mich. Von einem Smogschleier überzogen, breitet sich die Stadt wie ein uferloser See unter uns aus. Um halb fünf landen wir. Der Flughafen ist fast leer um diese Zeit. An der Immigration gibt es keine Wartezeit. Dafür drängen sich Trauben von Touristen an den Geldwechsel-Schaltern. Ich stelle mich in eine der Schlangen. Als sich das Gepäckband zu drehen beginnt, gebe ich das Warten auf, hole meine gelbe Tasche und gehe durch den Zoll. Sicher kann ich auch draussen noch Geld wechseln. Der junge Mann mit dem Himalaya-Tours-Schild erwartet mich. Er wird mich ins Hotel begleiten und schauen, dass ich wieder rechtzeitig am Flughafen eintreffe.

Geld zu wechseln stellt sich als schwierig heraus. Seit gestern sind die 500er- und 1000er-Scheine nicht mehr gültig. Ich habe zwar davon gehört, es aber nicht richtig einordnen können. Eine Finanzreform ist eingeleitet worden, um Schwarzgeld und Steuerhinterziehung zu bekämpfen. Man kann die alten Noten noch bis Mitte Dezember gegen neue eintauschen. Kein Wunder, sind alle Wechselstuben und Banken belagert. Wir fahren auf mehrspurigen Strassen zum Hotel. Geschickt manövriert sich der Fahrer durch den dichten Verkehr. Zentimetergenau schieben sich die Autos aneinander vorbei. Das Hotel wirkt luxuriös. Ich darf in der Lobby warten. Mein Begleiter kümmert sich um die Registrierung und den Schlüssel. Mir wird Tee serviert. Dann setzt er sich zu mir, und wir versuchen eine kleine Konversation in Gang zu bringen. Er sagt, dass Honeymoon

Season sei, und es deshalb viele Hochzeiten gebe, in diesem Hotel fänden gleich zwei davon statt. Eigentlich möchte ich jetzt ins Zimmer gehen, mich hinlegen, später eine Dusche nehmen, frische Kleider anziehen und im Restaurant etwas essen.

Der Rezeptionist vertröstet mich. Dann kommt der Hotelmanager und sagt, es tue ihm sehr leid, aber im Zimmer, das für mich reserviert sei, habe es einen Wasserschaden gegeben, der in so kurzer Zeit nicht behoben werden könne. Er bedankt sich herzlich für meine Kooperation (was bleibt mir anderes übrig?). Dafür darf ich im Restaurant gratis essen, auch bietet er mir ein Sitzungszimmer mit Sofa an, damit ich etwas relaxen könne.

Halb sitzend, halb liegend, die Beine auf dem Salontisch, versuche ich eine bequeme Stellung zu finden und schliesse die Augen. Hinter mir führt eine Tür in ein Konferenzzimmer und eine andere, wie ich bald merke, in einen ‹Beauty Parlor›, ein Schminkzimmer für die weiblichen Gäste der Hochzeitsgesellschaft. Schon bald beginnen die Ladys durch mein Schlafzimmer zu stöckeln, hin und her, und lassen jedes mal die Tür offen. Anscheinend störe ich nicht, hier sind sich die Leute gewöhnt, dass in jeder Ecke jemand schläft. Schminken und geschminkt werden ist keine leise Angelegenheit. Die Frauen reden, lachen und hören Musik. Ohrstöpsel helfen mir übers Gröbste hinweg.

Später im Restaurant tummeln sich ein paar der geschminkten Schönheiten an der Bar, so kann ich das Resultat begutachten. Irgendwann ist es zweiundzwanzig Uhr. Mein Begleiter erwartet mich und wir fahren zurück zum Flughafen. Dass wir bereits vier Stunden vor Abflug unterwegs sind, hat nichts mit der Eincheckzeit am Flughafen zu tun, sondern mit der Auscheckzeit im Hotel, wie mir der Begleiter auf meine Frage hin erklärt.

Der Flug startet um zwei Uhr morgens. So steht mir nochmals eine lange Wartezeit bevor, die ich komfortablerweise in der Lounge verbringen kann.

Auch wenn mein Hotelbesuch nicht so war wie erwartet, hat er mir doch etwas Abwechslung gebracht und die Zeit verkürzt. Bald sitze ich im Flugzeug nach Zürich und geniesse die heimische Atmosphäre. Nach der Landung fahre ich unterirdisch mit Alphornklängen und Kuhglockengeläut in die sauber geputzte Schweiz ein. Als ich das Gepäck vom Rollband nehme, erhalte ich ein SMS von Vera: «Wir sitzen noch beim Kaffee, wenn du rauskommst, rechts.» Und tatsächlich, da sitzen sie alle, etwas müde, aber gut gelaunt.

Das Buch ist geschrieben

Drei Monate sind vergangen, die Erinnerungen an die Reise haben sich durch die Arbeit am Text verfestigt. Zwölf Tage am Stück zu Fuss unterwegs zu sein, war ein eindrückliches Erlebnis. Das prächtige Wetter hat viel zum guten Gelingen beigetragen. Ich denke sehr gern an die liebenswürdigen Menschen zurück, die ich kennengelernt habe. Jetzt, wo ich wieder in der warmen Stube sitze, kann ich mir nicht mehr so richtig vorstellen, wie sich die Kälte angefühlt hat. War es tatsächlich so schlimm?

Ich bin gespannt, wie Ruth, Vera, Evelyne, Barbara und auch Sebastian jetzt im Nachhinein auf die Reise zurückblicken, was sie beschäftigt und wie sie es mit den Erinnerungen halten. Der Termin für ein Treffen steht fest.

Inzwischen ist auch meine Schwägerin von einen Nepal-Aufenthalt zurückgekehrt. Sie hat an einem Hilfsprojekt mitgearbeitet und in einem abgelegenen Dorf bei einer einheimischen Familie gewohnt. Steine klopfen, Sand den Berg hinauftragen, Gräben für Wasserleitungen ausheben und eine Wasserfassung bauen, das war ein anderes Erlebnis, als ein Land zu bereisen, wie ich es gemacht habe. Sie ist den Menschen dort ungewöhnlich nahe gekommen. Keine Privatsphäre zu haben ist nochmals eine ganz eigene Erfahrung.

Wohin mich meine nächste Reise führen wird, steht noch in den Sternen. An Träumen mangelt es nicht.

Ganesh, Begleiter auf dem Armaturenbrett
Göttin Kali

Weitere Bücher von Elisabeth Jucker

Die Villa. *Roman*
224 Seiten, gebunden, edition 8, Zürich 2007
ISBN 978-3-85990-113-1
Mit kühler Präzision schildert die Autorin Violas Pendeln zwischen der rationalen, gestylten Welt des Möbelhauses und dem schmuddeligen Zauber der Villa, in der sich Dr. Schenkels Zirkel trifft; nüchtern und trotzdem mit Sinn fürs Geheimnis lässt sie etwa einen Astrologen oder einen philippinischen Heiler auftreten; behutsam und ohne anzuprangern legt sie Violas Gefühlswirren offen, das Schwanken zwischen Hingabe und Selbstbehauptung, Faszination und Desillusionierung.

Übers Meer. *Roman*
208 Seiten, gebunden, edition 8, Zürich 2003
ISBN 3-85990-042-0
Mit feinen Strichen zeichnet Elisabeth Jucker das Porträt zweier Frauen, Mutter und Tochter, und stellt zwei ganz verschiedene Liebesgeschichten nebeneinander. Die Geschichte der Mutter ist zugleich ein Sittenbild der 50er-Jahre: Als junge Frau träumt sie vom Ausbruch aus den beengenden Verhältnissen ihrer bäuerlichen Welt. Schliesslich folgt sie ihrem zukünftigen Ehemann, den sie kaum kennt, nach Brasilien.

Gestern brennt. *Zwei Erzählungen*
160 Seiten, gebunden, edition 8, Zürich 2000
ISBN 3-85990-018-9
Im Sog von Elisabeth Juckers kraftvoller, bildstarker Sprache werden die Leserinnen und Leser mitten in die Identitätskrise zweier Frauen gezogen. Krisen, die beide Frauen als Chancen zu nutzen wissen. Mit ihrem schnörkellosen Schreibstil erkundet die Autorin eine Welt voller Ängste und Fantasien, innerer Konflikte und unbewältigter Erfahrungen. Sie lotet aus, ohne zu werten, ohne Imperativ und ohne Vorwurf.